O BANQUETE
DE PSIQUE

Dados Internacionais de Catalogação na Publicação (CIP)
(Câmara Brasileira do Livro, SP, Brasil)

Barcellos, Gustavo
    O banquete de psique : imaginação, cultura e psicologia da alimentação / Gustavo Barcellos. – Petrópolis, RJ : Vozes, 2017.
    Bibliografia.

    5ª reimpressão, 2022.

    ISBN 978-85-326-5469-4

    1. Alimentos – Aspectos psicológicos 2. Arquétipo (Psicologia) 3. Hábitos alimentares 4. Imagem (Psicologia) 5. Psicologia junguiana 6. Receitas culinárias I. Título.

17-03554   CDD-150

Índices para catálogo sistemático:
1. Hábitos alimentares : Aspectos psicológicos   150

GUSTAVO BARCELLOS

O BANQUETE DE PSIQUE

Imaginação, cultura e psicologia da alimentação

EDITORA VOZES

Petrópolis

© 2017, Editora Vozes Ltda.
Rua Frei Luís, 100
25689-900 Petrópolis, RJ
www.vozes.com.br
Brasil

Todos os direitos reservados. Nenhuma parte desta obra poderá ser reproduzida ou transmitida por qualquer forma e/ou quaisquer meios (eletrônico ou mecânico, incluindo fotocópia e gravação) ou arquivada em qualquer sistema ou banco de dados sem permissão escrita da editora.

CONSELHO EDITORIAL

Diretor
Gilberto Gonçalves Garcia

Editores
Aline dos Santos Carneiro
Edrian Josué Pasini
Marilac Loraine Oleniki
Welder Lancieri Marchini

Conselheiros
Elói Dionísio Piva
Francisco Morás
Ludovico Garmus
Teobaldo Heidemann
Volney J. Berkenbrock

Secretário executivo
Leonardo A.R.T. dos Santos

Editoração: Flávia Peixoto
Diagramação: Sheilandre Desenv. Gráfico
Ilustração de miolo: - Ilustrações páginas 113, 157, 158, 159, 160, 161, 162, 163, 164, 165: © nata_danilenko | Shutterstock
- Ilustração páginas 21, 131, 155: The green lion devouring the sun. Rosarium Philosophorum (c. 1550).
Revisão gráfica: Nilton Braz da Rocha
Capa: Érico Lebedenco
Ilustração de capa: Emblema hermético de Joannes Isaacus, Hollandus, *Die Hand der Philosophen*, 1667.

ISBN 978-85-326-5469-4

Este livro foi composto e impresso pela Editora Vozes Ltda.

No princípio foi a fome.

Luís da Câmara Cascudo

No início de tudo está a boca.

James Hillman

Para Ângela Teixeira.
Para Rodrigo Gouvea.
Para minha mãe, Hely.

Menu

Antepasto para uma reflexão, 9

Entrada, 13
   Victor Palomo

Mesa, 21
1 A imaginação da oralidade, 23
2 A alma e o gosto, 38
3 A boca e a psique do engolimento, 48
4 As metáforas digestivas, 60
5 Cozinha imaginal, 78
6 Comida dos deuses, deuses como comida, 98
7 Técnicas, utensílios, processos, 105
8 Temperos e temperamentos, 114
9 Cocção final, 127

Sobremesa, 131
1 Doce e amargo na alma, 133
2 Esboço para uma alquimia do açúcar, 141
3 Evocação da cachaça, 152

Caderno de receitas, 155

Referências, 167

ANTEPASTO PARA UMA REFLEXÃO

Ao me debruçar sobre o problema da alimentação para organizar e escrever minha contribuição ao debate do IV Encontro dos Amigos da Psicologia Arquetípica, que ocorreria em julho de 2006 em São Francisco Xavier, São Paulo, cujo tema era exatamente "Alma & Comida", tive a certeza de que esse assunto não podia, ou mesmo nem queria, deixar-me apenas com observações iniciais, de caráter mais generalizante.

Hoje existem inúmeros livros sobre história, antropologia e mesmo psicossociologia da alimentação, e o enorme volume de trabalhos acadêmicos sobre a sociologia da alimentação, da comida e dos hábitos à mesa formam uma biblioteca imensa à disposição do pesquisador. Comer é um ato fisiológico, antropológico e cultural, mas é também emocional e simbólico. Num plano psicológico, o que cozinhar e comer revela sobre nós e sobre o mundo?

Procurei na literatura da psicologia profunda, psicanalítica e junguiana, por uma abordagem que escapasse inteiramente da perspectiva psicossomática, ou mesmo simbólica tradicional, com relação a todo o capítulo da nutrição e do alimento, sua cultura, sua psicologia e sua psicopatologia.

Que escapasse, de verdade, encontrei quase nada. Pensava ser importante uma reflexão *psicológica* à comida, que levasse em consideração a alma e suas imagens, a alimentação e suas metáforas: a psique da comida – e também, claro, a comida da psique. Uma abordagem, por assim dizer, da imaginação. A obra a seguir, que quando muito explora tão somente uma introdução a essas questões, busca essa aproximação.

Este livro é para aqueles que querem refletir sobre o ato cultural de alimentar-se em seu significado psicológico mais profundo, explorando as metáforas que esse gesto diário e seus processos originam para nos ajudar a entender melhor a centralidade da comida e da fome na vida íntima de todos nós. É um estudo de psicologia da imaginação gastronômica. Sonhos doces, verdades amargas, realidades salgadas, relações apimentadas, situações picantes compõem a psicologia da alimentação muito antes que se instalem os transtornos alimentares propriamente ditos.

Com ilustrações alquímicas retiradas de tratados medievais, este estudo aborda o alimento como campo simbólico e imaginativo. As questões da alimentação e da nutrição, da gastronomia e do preparo e ingestão de alimentos são aprofundadas a partir do ponto de vista da psicologia como análise cultural, com o viés das artes e ciências da imaginação.

O Caderno de Receitas que está no final do livro serve como uma ilustração daquilo que podemos chamar de "comida de alma". São receitas que foram lembradas, imaginadas, recolhidas e depois redigidas de um modo muito particular por causa da ajuda de minha amiga Ângela Teixeira, cozinheira, filósofa, *soror mystica* desta alquimia gastroliterária, que emprestou seu talento culinário, aliado a seu talento com as ideias, para pensar comigo quais receitas entrariam numa brevíssima seleção de pratos desse tipo de gastronomia. A ela devo um agradecimento muito sincero.

Também devo um agradecimento a Wladia Beatriz Pires Correia e Cecilia Abrahamsson Marcondes Pereira, que leram os originais contribuindo com diversas sugestões importantes, a Marisa Penna por ter me apresentado livros com os quais pensar a culinária e a alimentação, e a Eliana Corrêa que desvenda para mim os mistérios do organismo.

G.B.
Pedra Grande
São Francisco Xavier
Janeiro/2017

Entrada

No outono de 2015, jantávamos Gustavo Barcellos, dois ou três analistas junguianos, um psiquiatra, um amigo ator e eu. Faltavam poucas semanas para a realização do VI Congresso Latino-americano de Psicologia Junguiana, em Buenos Aires, e comentávamos, despretensiosamente, os temas e expectativas quanto à recepção das nossas comunicações. Subitamente, o psiquiatra dirigiu-se a Gustavo e indagou qual o assunto da sua palestra e ele, tomado por um semblante que entremeava desejo, prazer e mistério, respondeu que faria alguns comentários a respeito da alquimia do açúcar. Um átimo de inquietação fora registrado na respiração dos comensais e uma inquestionável surpresa (ou quem sabe até incredulidade) tomou conta do olhar do amigo psiquiatra, cujo distanciado interesse, apesar de ser um profissional mais que legitimado e competente na sua lida, o impediu captar a relevância daquela imagem que Gustavo propusera como mitema para as suas reflexões. Jamais me esquecerei da luminosidade do olhar de Gustavo naquele momento e me contento de, somente agora, poder revelar (ou desvelar) em breves palavras a poética do banquete, os segredos anímicos da comida e do comensal, que meu amigo já fermentava e se deixava imaginar naquele ritual gastronômico e que eu, imprecisamente, registrara.

Pesquisador meticuloso e leitor contumaz, Gustavo convida-nos neste *O banquete de psique* a aprofundarmo-nos na imagem do *banchetto*, diminutivo de *banco*. Etimologicamente, o vocábulo designa uma refeição que deve ser degustada por pessoas sentadas ou acomodadas em torno de uma mesa. Tal caráter ritualístico assumido pelo texto desde o início anuncia que a enunciação da psique da comida e da comida da psique se fará por meio de palavras ou locuções populares e proverbiais, muito menos ocupadas com as possíveis camadas que ensejam seus suportes linguísticos, mas entregues às propriedades metafóricas implícitas a essas terminologias: importam aqui a trama das imagens e as propriedades imaginativas suscitadas pelo alimento, por suas escolhas, as formas de preparo, as receitas, o engolimento, o tubo digestivo, a excreção, o salgado, o doce, a mesa e a sobremesa, apreciados a partir de suas "necessidades ritualísticas intrínsecas", cerimônias necessárias ao *soul making*. A adesão e a honestidade intelectuais de Gustavo a tais premissas imprime ao texto sua perspectiva (seu olhar através) radicular, a qual se afasta de uma narrativa linear ou uma resenha analítica sobre o ato de comer e suas vicissitudes. As imagens alcançam contundência, isto sim, e provocam no leitor o ímpeto de devoramento porque organizam uma poética da comida, da fome e da alimentação, tangenciando aquilo que causa maior impacto quando entramos em contato com as escolhas e os temas eleitos pelo autor e que constitui sua marca indomável: a sensualidade.

A ocupação sensual opta por uma linguagem elíptica, ceifada, organizada em planos curtos, dando ao leitor intervalos para respirar, limpar o paladar e saborear as imagens sequencialmente oferecidas. Essa técnica literária (note-se que o psicologizar aqui deliciosamente servido *é* literatura) aproxima-se do conceito de correlato objetivo proposto por T.S. Eliot, não por acaso poeta caro a Gustavo quando teceu finíssimos comentários sobre "Os quatro quartetos", poema que guarda versos como "Seu ritmo estava [...]/ No aroma das uvas sobre a mesa de outono". Como menu, a mesa e a sobremesa postas por este ensaio seguem a receita eliotiana do emprego de imagens poéticas de modo sucessivo, quase como diapositivos vertiginosos que evocam um desconcerto no leitor, deixando sua consciência *levemente em desacordo* e (des)atenta ao que cozinha nela e para além dela, o que pode ser assado, frito, metabolizado, servido e devorado na alma. É para um banquete anímico que somos convidados desde o antepasto, servido detalhadamente por meio do contraponto de imagens sustentadas ou sugeridas pelas "frases ou conjunto de frases que o poeta diz e que juntas compõem um poema" (Octavio Paz). E aqui reside o ponto que gerou desassossego no jantar ao qual me referi e que confere a marca indelével de Gustavo: ele compreendeu que ser analista e ser poeta são vocações indissociáveis e a linguagem, tocada pela poesia, deixa de ser linguagem comezinha mutilada pelo tempo apressado da prosa utilitária e se rende (ou atesta) à dimensão mitopoética da psique, afinidade menos eletiva que passional pela qual o autor deste ensaio afirma-se, definitivamente, possuído. As imagens aqui são irredutíveis a armadilhas interpretativas ou quaisquer explicações reducionistas, mas antes vividas, porque o sentido delas (ou do poema) são elas em si. Essas imagens aderidas à linguagem apresentam a alma e não a representam. Portanto, a poética gustativa deve ser apreciada com vagar, caso contrário deixaremos escapulir suas sutilezas.

Evidentemente, o texto ancora-se em pressupostos teóricos resultantes de um marcante trabalho de pesquisa: cabe lembrar que pesquisar aqui não se restringe somente ao esforço revisional dos escritos acadêmicos, mas em delicados destaque e atenção aos ditos e expressões da linguagem coloquial que acolhe, com relativa inconsciência, as imagens alimentares como recurso metafórico para a comunicação e expressão de suas ideias. Sobre o primeiro caminho argumentativo: a fome já fora percebida por C.G. Jung, em *A natureza da psique*, como um dos fatores primários que influenciam o comportamento. E James Hillman denunciou o descaso da psicologia profunda com o comer e a comida, ação e metáfora ontogeneticamente anteriores à sexualidade. O que se registra, atualmente, é um enorme volume de publicações (obviamente importantes) que tentam destrinchar os emaranhados neurofisiológicos e psicopatológicos que dão suporte aos Transtornos Alimentares, locução adotada pelos tratados de saúde mental para catalogar as desordens que derivam da obesidade à anorexia.

Como um poema, o ensaio *O banquete de psique* apresenta-nos imagens que não se ocupam com tais conceitos. Seguindo sua versificação livre, apreende-se que a gastronomia, a legislação do estômago, implica a aquisição, na eleição e na imposição do gosto, tema que tangencia os domínios da biologia, da antropologia e da estética. Brillant-Savarin dissertou sobre a fisiologia do gosto, assim como Claude Lévi-Strauss argutamente percebeu que as metáforas do "cru" e do "cozido" abrigam um vasto campo de possibilidades interpretativas sobre a cultura. De forma astuta também procedeu Câmara Cascudo ao historiografar os processos alimentares no Brasil e mapear a alma brasileira no gosto culinário.

Se a imaginação dos processos alimentares é análoga aos processos que delineiam os caminhos culturais percorridos entre o estado de natureza e a cultura, a boca será a imagem inicialmente eleita para as reflexões sobre a alma e a comida. O mundo adentra o corpo pelo engolimento e essa poética da sensação integra imagens saborosas, amargas, doces, salgadas, azedas. A dialética engolidor-engolido já fora registrada nas narrativas míticas, pois os deuses comem e são comidos. Da boca ao estômago, atenta-se ao fígado como imagem das paixões vivazes e dos excessos e, fiéis à rota, deparamo-nos com uma poética da excrescência, quando o intestino e o ânus são imaginados. Sendo a alimentação arquetípica, seus utensílios, técnicas e temperos denotam e conotam nossos humores, nossas fantasias, nossa alma faminta e saciada. Entre a fome e o fastio, as metáforas digestivas são destacadas de forma insistente ao longo do texto, pois na alma gástrica operam processos alquímicos profundos e presentes, por analogia, no trabalho psicoterápico. Novamente, linguagem e imagem se fundem para provar que linguagem poética *é* imagem quando o texto convoca o leitor a adentrar em um corpo imaginal. E confirma que a psicoterapia é tributária da função poética da linguagem, quando a retórica digestiva convida suas imagens ao consultório para "digerir, engolir, engasgar, entalar, mastigar, saborear, degustar, assimilar, processar, cozinhar, ruminar, evacuar" nossas belezas, verdades e dores anímicas. E não somente na psicoterapia, lembra Gustavo, mas também no discurso vigil e na gramática onírica.

Mas a protagonista deste texto é a função poética da linguagem, quando o ritmo da prosa que implica uma sustentação de conceitos é transmutado no devir próprio à gramática das imagens, apresentadas em sucessão ou contraposição. Em tais instigantes momentos, o texto não se serve das palavras, mas se rende servo delas, de suas imagens intrínsecas, convidando-nos a digeri-las em uma temporalidade própria, como uma "lição de paciência" inerente à alquimia da cozinha. As "experiências" com o tempo estão presentes nas entrelinhas do poema em prosa escrito por Gustavo o qual, antes de nos oferecer a doçura e a ternura da sobremesa, serve-nos na bandeja o coração do texto: a inextricável associação entre comida, mesa, cozinha e o arquétipo fraterno. Esta, sim, a grande doçura, sem pieguices, do poema alquímico por ele criado. Se nas "Notas sobre a função fraternal", incluída em *Voos e raízes* (2006), lê-se que o irmão "define, em níveis mais avançados do que aqueles do influxo de pai e mãe, meu estar no mundo, meu amor pelo mundo" e que o irmão é imagem que instaura na alma os discursos da diversidade e da semelhança na diferença, talvez em *O banquete de psique* ele tenha respondido, saborosamente, à indagação deixada como provocação naquelas divagações: "como, de que forma constelar o eu fraterno? [...] Como libertar os horizontes da alma para que finalmente ela se fraternize?" Resposta: na sofisticação poética da mesa e da sobremesa, quando o tempo arquetípico do poema ganha a "carnadura concreta" do caderno de receitas, livro de poemas em que nossa *anima* imagina-se "desmanchada", "debulhada", "dessalgada", "quentinha", "machucada", "separada", "frita", "temperada", "enfeitada". Compartilhar o olhar do irmão à mesa é o convite feito por Gustavo, pois o poema será sempre uma obra inacabada se não for vivido (ou comido) pelo leitor.

Bom apetite!

Victor Palomo
Psiquiatra, analista junguiano pela Sociedade Brasileira de Psicologia Analítica, mestre e doutorando em Letras pela Universidade de São Paulo.

Mesa

1

A IMAGINAÇÃO DA ORALIDADE

Na tradição da psicologia arquetípica[1], alma e comida já se encontram entrelaçadas em níveis muito profundos: fazer comida é um modo de cultivar a alma; cultivar a alma é cozinhar o cru de nossas experiências de vida.

Foi o humor, lembremos antes de mais nada, que introduziu a aproximação de alma e comida nessa psicologia, com a publicação, em 1985, do *Livro de cozinha do Dr. Freud*[2], séria brincadeira escrita por James Hillman e Charles Boer. Ali, a primazia da oralidade sobre a genitalidade, que reverte a lógica freudiana, está refletida nos discursos que enaltecem

---

1. A psicologia arquetípica é uma abordagem de vertente junguiana que desde os anos de 1970 dá continuidade e aprofundamento ao trabalho de C.G. Jung e sua Teoria dos Arquétipos. Tem como projeto a revisão da prática e do pensamento psicológicos com foco na cultura e na imaginação, não apenas na clínica. Seu principal autor e originador foi James Hillman (1926-2011).
2. HILLMAN, J. & BOER, C. *O livro de cozinha do Dr. Freud*. São Paulo: Paz e Terra, 1986.

tudo aquilo que vem antes, tudo que é anterior: numa hierarquia ontogenética dos apetites, primeiro a fome, depois o sexo. Ou seja, primeiro a mesa, depois a cama.

Um vasto campo de imagens imediatamente se abre: o livro de cozinha, os programas matutinos de TV, as revistas especializadas, as receitas que atravessam gerações e que circulam de mão em mão meticulosamente anotadas em linguagem própria, a curiosidade dos paladares, as técnicas, os termos, os utensílios, os ingredientes, as medidas, as anotações, as disputas, os concursos. O jornalismo gastronômico, a crítica de gastronomia. O grande banquete e o pequeno lanche, o trivial e o sofisticado, o *chef* e a velha cozinheira de família. O menu. O repasto, a ceia, o rega-bofe, o farnel de viagem, o piquenique. O *terroir*, que é o sabor associado a um lugar. Cozinha popular, cozinha regional, cozinha internacional. *Haute cuisine, nouvelle cuisine;* cozinha molecular, desconstrutivista, cozinha tecnoemocional, *data cuisine* (cozinha de dados, que investiga como a comida pode ser utilizada como um meio de informação), cozinha modernista (com seus cozinheiros-laboratoristas). Hi-tech, low-tech, industrializada, artesanal, caseira. As dialéticas do frugal e do guloso. Os hexagramas 5 ("A Espera [Nutrição]"), 27 ("As Bordas da Boca"), e 50 ("O Caldeirão") do *Livro das Mutações* chinês, o *I Ching*. A "oitava arte". A "décima musa": Gastérea, presidindo aos prazeres do gosto. Os Penates, da mitologia romana, deuses do lar, cujo nome vem da palavra *penus*, que quer dizer despensa[3]. A utopia louca da Cocanha, *Cocagne*, *Cuccagna*[4] – país mítico do folclore medieval onde jorra nas ruas o leite, o mel e o vinho, onde bolinhos chovem do céu, doces e chocolate nascem na borda das florestas, comida crescendo como flores[5]. Fome e saciedade, nutrição e dieta, almoço e jantar, forno e fogão. A *sociologia* dos símbolos da alimentação pode dar lugar a uma *psicologia* dos arquétipos da alimentação.

O campo metafórico entre comida e alma é, de fato, imenso: apetite e inanição, que traduzem atração e repulsa. Esse campo permite-nos, principalmente, desliteralizar as tão carregadas questões da psicossomática, dos distúrbios da alimentação, das psicopatologias do peso e da gravidade, da gordura e da leveza, da ingestão e da digestão, do prazer e da culpa, e até mesmo da gula: gula aqui não como um pecado capital, mas como um estado capitulado da alma. E o que é mesmo a gula, podemos perguntar, agora num plano anímico, não espiritual, não moral? A gula só se tornou

---

3. Entre os romanos e os etruscos, os Penates cuidavam das provisões e dos mantimentos, portanto das despensas, dos celeiros e dos armazéns, ou seja, do armazenamento de comidas e bebidas. Nas refeições diárias, era costume oferecer-lhes comida.

4. Bengodi, Cucaña, Chacona, Jauja, Schlaraffenland, Luilekkerland, e até a brasileira São Saruê, são outras designações de terras maravilhosas, imaginárias, com exuberância de comida, bebida e sexo, em tradições folclóricas diversas que falam no país da Cocanha. Cf. FRANCO JR., H. *Cocanha*: várias faces de uma utopia, São Paulo: Ateliê, 1998.

5. Cf. MANGUEL, A. & GUADALUPI, G. *Dicionário de Lugares Imaginários*. São Paulo: Companhia das Letras, 2003.

um problema de fato com os cristãos; tornou-se pecaminosa, inserida pela tradição naquela famosa lista dos pecados capitais. Problema com os instintos. Para a Igreja Católica, a gula é um vício no qual há uma busca de prazer "desordenado" (Tomás de Aquino), ou seja, não natural, na comida e na bebida, o que inclui comer excessivamente, comer com os olhos, comer preocupando-se com gostos requintados e, inclusive, também os vícios do fumo e do álcool. Mas, para a gula, assim como para todos os outros pecados da lista, está previsto um antídoto. Esses antídotos são referidos como as "sete virtudes opostas", no caso da gula, a temperança. Esses pecadores, os gulosos, estão destinados na primeira parte da *Divina comédia*, Inferno (Canto VI), de Dante Alighieri, ao Terceiro Círculo, o chamado Lago de Lama, onde jazem imersos numa lama suja e espessa, vigiados, arranhados e dilacerados constantemente pelo mítico cão Cérbero, o de três cabeças, que os devora as carnes gordas. Ali cai permanentemente uma tempestade fortíssima de granizo, gelo e neve sujos. Um horror.

Mas a gula pode ser entendida como glutonaria, paixão de que sofreram vários ilustres da História e da Imaginação, da crônica social e da ficção: glutões, *gloutons*, *goinfres*, comilões, seres devotados à imaginação alimentar, mestres da voracidade, aficionados gastrólatras que nos ensinam o prazer e os perigos da quantidade, que nos ensinam o poder que exerce sobre a alma a paixão de comer. Uma lição dos extremos. Fome superlativa. Uma extraordinária abertura para o prazer comparável talvez somente à da criança, revelando tanto uma riqueza de fantasia quanto uma desordem da sensação. É a gula de Trimálquio e seus convivas na orgia gastronômica do *Satyricon* (a sátira de Petrônio, século I), de Apício (gastrônomo, autor do *De re coquinaria*, único receituário de cozinha que sobreviveu e nos faz conhecer a gastronomia do mundo romano), do imperador Vitélio (dos mais violentos imperadores romanos, devorou 1.200 ostras como *hors d'ouvre* num banquete), de Júlio César, de Heliogábalo (o 25º imperador romano, o jovem imperador travesti, excêntrico e decadente, dado aos excessos da gula e da luxúria, personagem cruel que foi tema de um livro de Antonin Artaud, de 1934, *Heliogábalo ou o anarquista coroado*), de Lúculo (118-56 a.C., conhecido como o *gourmet* da Roma clássica), de Gargântua e Pantagruel (os gigantes comilões do romance de François Rabelais, escrito em 1534), de Bartolomeo Sacchi (conhecido como Platina, humanista e gastrônomo renascentista, autor do primeiro tratado de culinária impresso de que se tem notícia, o *De honesta voluptate et valetudine* [Do prazer correto e da boa saúde], de 1474), ou ainda do assírio Assurbanípal e seu festim gastronômico nove séculos antes de Cristo (10 dias, 69.500 convidados, 10.000 peixes, 1.400 cabritos, 1.000 carneiros, 20.000 jarras de vinho), do interminável banquete do fígado de Prometeu, de Eva que comeu a maçã no Paraíso, de Perséfone que comeu a romã no Mundo das Trevas e, de certa forma, também de Cronos/Saturno, o devorador arquetípico.

Joannes de Monte-Snyders. *Chymica vannus,* 1666.

Pão e água, arroz e feijão, pão com manteiga, café com leite, café pequeno, manteiga derretida, papas na língua, cuspir no prato, morrer pela boca, comer bola, tudo em pratos limpos, leite derramado, descascar o abacaxi, marmelada, refresco, pepino – entre tantas e muitas outras locuções populares e proverbiais nas fronteiras da significação, traduzem combinações que são, mais que expressões do idioma, impactos da alma para além do plano linguístico.

Como então as metáforas da alimentação, da digestão e da comida podem nos ajudar a vislumbrar e guiar nossos processos de cuidado e cultivo da alma? Sonhos doces, verdades amargas, realidades salgadas, relações apimentadas, situações picantes compõem a psicologia da alimentação antes que se instalem os transtornos alimentares propriamente ditos. Caminhamos, talvez mais aqui do que com outros temas, numa tênue linha entre a metáfora significativa e libertadora e a concretude literal e aprisionante.

Assar, ensopar, defumar; o cru, o cozido, o podre – que são os dois famosos tripés culinários, ou as lentes, da antropologia de Claude Lévi-Strauss, apresentados em *A origem dos modos à mesa*, volume 3 das *Mitológicas*, de 1968[6]. Fornos e fogões, liquidificadores, processadores, panelas, facas, colheres, potes, tigelas. Aromas e explosões, sabores e venenos. Misturar e separar. Aquecer, cortar, destrinchar, ferver, picar, temperar. Tudo isso – e muito mais nesse universo de símbolos – encontra lugar em nossos sonhos e fantasias, em nossos modos de ser e de fazer as coisas, refletindo os processos de ingestão e digestão de nossas experiências de vida, de nossas dores de alma, dos eventos de nossos instintos, afetos e emoções: tudo aquilo que *cozinha* dentro de nós, tudo o que absorvemos ou que somos impelidos a *metabolizar*, e que vai nos nutrindo, ou nos intoxicando.

---

6. LÉVY-STRAUSS, C. *A origem dos modos à mesa* – Mitológicas. Vol. 3. São Paulo: Cosac Naify, 2006, p. 425-448, "Pequeno tratado de etnologia culinária".

Assim é que quero pôr a mesa desse banquete psíquico interminável. E o faço agora com muito gosto, pois esses nossos apetites apreciam inflamar-se com talheres e baixelas de prata, porcelana ricamente desenhada, faiança fina, finíssimos copos e taças de cristais coloridos ou translúcidos, toalhas e guardanapos de linho bordado, rendas, brocados, à meia-luz de castiçais e candelabros de prata e ouro sombreando silhuetas e convívio, conversas e olhares, relações e desejos. Serviço à francesa, à russa, mordomos, maneiras e alta etiqueta da mesa, estética de mesa e de sobremesa. Cortinas aveludadas, lareira, aromas, perfume, incenso. Opulência, cores, sabores. Pois na verdade tudo isso, todas essas imagens e elevações, já nos colocam no rico lugar da fantasia e da alma, da psique e da imaginação.

No entanto, o que tenho para servir, de fato, é apenas um antepasto neste banquete de psique, antepasto para uma reflexão infindável, antepasto que não deixa de ser um elogio à oralidade.

*

Do tripé cama-mesa-banho, a psicologia profunda tem explorado de modo mais enfático o primeiro eixo, a cama. Aqui, decididamente, interessamo-nos pelo segundo, a mesa e suas vicissitudes. O terceiro eixo, o banho, ficará para depois.

Apesar de Freud, cama e mesa estiveram sempre em eterna disputa, muitas vezes no empate, com relação à sua preferência, anterioridade ou poder sobre os apetites sonhadores do homem civilizado. Na mística da cama e na mística da mesa, murmúrios, gemidos, gritos e sussurros – de prazer, quando não de dor – são essencialmente os mesmos. Qual então o instinto mais básico? C.G. Jung nos diz que

> a fome, como expressão característica do instinto de autopreservação, é sem dúvida um dos fatores primários e mais poderosos de influência do comportamento; na realidade, a vida dos primitivos é atingida mais fortemente por ela do que pela sexualidade. Nesse nível, a fome é o alfa e o ômega – a existência em si (*CW* 8, § 237).

E James Hillman é forçado a reconhecer que "a criança surge antes do homem, a língua surge antes do pênis, a boca surge antes da vulva, filogeneticamente e ontogeneticamente"[7]. Ainda comenta, significativamente em seu livro sobre os sonhos, que

> a comida é tão fundamental, mais até que a sexualidade, a agressão ou o aprendizado, que é impressionante perceber o descaso com comida e o comer na psicologia profunda[8].

---

7. HILLMAN, J. & BOER, C. *O livro de cozinha do Dr. Freud*. São Paulo: Paz e Terra, 1986, p. 17.
8. HILLMAN, J. *O sonho e o mundo das trevas*. Petrópolis: Vozes, 2013, p. 245 [trad. Gustavo Barcellos].

"O sexo", adianta também Câmara Cascudo, "pode ser adiado, transferido, sublimado em outras atividades absorventes e compensadoras. O estômago não. É dominador, imperioso, inadiável"[9]. E lembra que a necessidade de alimentar-se vem cronologicamente antes da própria aquisição da linguagem: *fagos* antes de *fonos*.

Mas é claro, esses instintos mesclam-se, e a ampla plasticidade de ambos fazem-nos tantas vezes convergir, até mesmo se confundir, para não falar de quando um toma abertamente o lugar do outro, em compensação. Os prazeres da carne – gula e luxúria – não se distinguem tão facilmente, e Michel Maffesoli refere-se a uma "sensualidade glutônica"[10]. Esses prazeres, diga-se, compreendidos pela Igreja Católica como pecados capitais – ou seja, "atitudes humanas contrárias às leis divinas" (como foram definidos no final do século VI) – são os únicos da famosa lista que estão enraizados na corporeidade humana e que, portanto, distinguem-se dos outros que são mais espirituais ou morais: avareza, ira, inveja, preguiça, soberba (ou vaidade).

Ventre sexual e ventre digestivo entram inúmeras vezes em simbiose prazerosa. De fato, eles se tocam: "Desde Freud sabemos explicitamente que a gulodice se encontra ligada à sexualidade, o oral sendo o emblema regressivo

---

9. CÂMARA CASCUDO, L. *História da alimentação no Brasil*. São Paulo: Global, 2004, p. 17.
10. MAFFESOLI, M. *A sombra de Dioniso*: contribuição a uma sociologia da orgia. São Paulo: Zouk, 2005, p. 127.

do sexual", anota Gilbert Durand em seu livro célebre *As estruturas antropológicas do imaginário*[11]. O tubo digestivo aparece como "o eixo descendente da libido antes da sua fixação sexual"[12]. A fala popular testemunha e denuncia essa aproximação repetidamente: mais significativa entre todas as expressões, "comer" é sinônimo de copular, em diversas línguas. Até as mais suaves "comer com os olhos", "cair de boca" e tantas outras expressões que nem vale a pena mencionar, nascidas de nossas experiências com o ato de alimentar-se, têm também, todas, significados não alimentares, colocando-nos diante de apetites e ações sexuais, dos mais vulgares aos mais sofisticados.

De qualquer forma, a imaginação da oralidade parece ter sido sempre ainda mais fértil do que a imaginação da genitalidade. "A maior realidade corresponde em primeiro lugar ao que se come"[13]. Bem mais que a cama, a mesa originou, por exemplo, diversas ocupações profissionais, e continua produzindo: o cozinheiro comum, o *chef* que cria e comanda a cozinha, o engenheiro de alimentos, o *food designer*, o nutricionista, o masseiro, o *pâtissier*, o *restaurateur*, o *maître*, o *saucier*, o barista, o mixologista, o garçon, o copeiro e todas as outras ocupações periféricas que se desti-

---

11. DURAND, G. *As estruturas antropológicas do imaginário*, São Paulo: Martins Fontes, 2002, p. 117.
12. Ibid., p. 202.
13. BACHELARD, G. *A água e os sonhos*. São Paulo: Martins Fontes, 1998, p. 123.

nam direta ou indiretamente à mesa, como os açougueiros, os verdureiros, os fruteiros, os granjeiros, os peixeiros, os quitandeiros, os queijeiros, os herbalistas. A própria comida foi imaginada não apenas com as fantasias da nutrição, mas também como remédio, droga, veneno, panaceia, diversão e arte. Saúde e doença, vida e morte, estiveram sempre intimamente ligadas a ela. Tabus, proscrições e prescrições, dietas e regimes, tudo isso vigia constantemente "a mais insidiosa, diuturna e permanente"[14] das tentações[15].

Contudo, comer, propriamente dito, só começa a ser um modo de cultivar a alma (*soul-making*), como quero entrever aqui, quando se obedece à sua necessidade ritualística intrínseca, sua necessidade cerimonial: a refeição. Ela é central nesse contexto, e para ela converge tudo o que vimos mencionando. Na refeição partilhada, "as crianças aprendem a arte da conversação e adquirem os hábitos que caracterizam a civilização: repartir, ouvir, ceder a vez, administrar diferenças, discutir sem ofender"[16]. Ela é ato cultural e simbólico. É ato psicológico: é *soul making*, alimento psíquico, feixe de

---

14. CARNEIRO, H. *Comida e sociedade*: uma história da alimentação. Rio de Janeiro: Elsevier, 2003, p. 119.
15. A produção de alimentos é, até hoje, a principal ocupação da humanidade: "A agricultura emprega 41% da população mundial, mais que qualquer outra atividade, e ocupa 40% da área de terras do globo. (Cerca de um terço dessa terra é usada para a produção de plantas, e aproximadamente dois terços fornecem pastos para gado.)" (STANDAGE, T. *Uma história comestível da humanidade*. Rio de Janeiro: Zahar, 2010, p. 38).
16. POLLAN, M. *Cozinhar*: uma história natural da alimentação. Rio de Janeiro: Intrínseca, 2014, p. 16 [trad. Claudio Figueiredo].

Michael Maier. *Atalanta fugiens*, 1618.

símbolos e emoções, feixe de mensagens. Com o declínio da refeição caseira – feita com o grupo familiar ou com o grupo de amigos essencialmente como ritual de sociabilidade, com seu tempo e intervalos bem marcados – e com a aceleração do ato de comer no cotidiano da casa, do trabalho e das ruas – o advento da comida rápida, do lanche, do forno de microondas que aquece o prato de comida de cada um ajustando-o às necessidades da agenda pessoal – o *rito* da refeição, e mesmo sua ideia, como tantos outros, vai-se perdendo.

A mesa já foi declarada uma "metáfora da vida". A mesa é igualdade ou desigualdade, é hierarquia ou simetria, pois é redonda ou quadrada – ou retangular, e até oval[17]. Quando redonda, é integração circular e concórdia, livre circulação de afetos, quando então não marca diferenças ou hierarquias. Ou tem ângulos de tensão e oposição. Tem ou não cabeceiras, chefias, autoridades. Tem lugares marcados, rotina de posições, modos e etiqueta de mesa. Ou tem liberdade total de atitudes – espontânea, sempre posta, receptiva. Mesa da comensalidade, mesa do poder. Veste-se de pano, rendas, linhos, bordados, ou plásticos e papel. Ou está nua, expondo diretamente sua madeira, pedra, vidro, plástico ou fórmica. Veste-se de festa, veste-se de cotidiano. Na mesa celebramos agrupamentos, comunidades e associações. Nela brindamos e selamos contratos. Mesa de cozinha, mesa de copa, mesa de sala de jantar – que revelam níveis progressivos de intimidade e de convívio.

Cozinha: lugar da vida em comum, das comunhões. Cozinha, lugar de aprender intimidades. A cozinha é íntima da matéria e seus mistérios profundos, seus segredos, lugar das transmutações, da intimidade ativa das operações. Diferente da intimidade mais protegida dos quartos e banheiros, que são intimidades privadas, do sonho a sós, a cozinha, no nível da memória e do desejo, é o sonho da convivência transformadora. Ela é útero, é forno, é fonte, é vaso. Atrai a brincadeira, o riso, a fofoca, a invenção. Também o erotismo de misturas e separações, e o rigor de formas, texturas e aromas. E abriga

---

17. "[...] *ensa* [mesa], de *mettere* [pôr, colocar], designa uma estrutura provisória, um *móvel* no sentido literal do termo, que se coloca e se retira quando necessário" (MONTANARI, M. *Comida como cultura*. São Paulo: Senac, 2008, p. 19).

o fogo, o gesto de aquecer. Cozinha: lugar do fogo, *fireplace*. Daí sua correspondência direta com a lareira, o caldeirão da feiticeira, a panela, a estufa, a retorta alquímica, o estômago – e, naturalmente, a psique que, como ela, a tudo transforma. As memórias candentes que se ligam a esse espaço da domesticidade mais profunda fazem dele, fazem da cozinha, uma sala de estar dentro de nós. Junto a um fogão de lenha aceso há conversas muito sinceras, de confissões desejadas. A cozinha é um centro afetivo da casa, é o coração da casa. Evoca um centro criativo. Estar na cozinha é estar dentro de um coração.

Cozinha: metáfora da alma.

Michael Maier. *Atalanta fugiens*, 1618. Emblema XXII: *Plumbo habito candido fac opus mulierum, hoc est, COQUE.*

2

A ALMA E O GOSTO

> *A gastronomia é a arte de cozinhar os alimentos para produzir felicidade.*
> Josep Munoz Redón
> *A cozinha do pensamento*, 2007.

A faculdade do gosto é um dos mistérios nervosos com que somos equipados. O primeiro a enfrentar descrevê-lo de forma mais sistemática foi o francês Jean-Anthelme Brillat-Savarin (1755-1826), um dândi que em 1825 escreveu *A fisiologia do gosto*, um trabalho de imaginação, não de ciência. O livro, considerado a certidão de nascimento da gastronomia, traz meditações sobre como podemos imaginar o apetite, o prazer da mesa, a digestão, a influência da dieta sobre os sonhos, a virtude erótica das trufas e até uma teoria da fritura. Define gastronomia como "o conhecimento fundamentado de tudo o que se refere ao homem, na medida em que ele se alimenta", e caracteriza a *gourmandise* como "uma preferência apaixonada, racional e habitual pelos objetos que agradam o paladar"[18]. Paixão e razão reunidas, para ele, num mesmo gesto: a culinária como grande arte, arte da alma cultivada.

Por outro lado, uma *filosofia* do gosto, ou uma "gastrosofia" (termo proposto por Charles Fourier), nos moldes em que foi elaborada pelo filósofo francês Michel Onfray – filosofia que, na verdade, entretém e preconiza uma hedonista "arte de gozar"[19] –, apresenta a figura anterior, idiossincrática, excêntrica e doutrinadora de Alexandre Balthasar Grimod de La Reynière (1758-1838), um francês aristocrata precursor do jornalismo gastronômico, tido como pai da escrita gastronômica, e o primeiro crítico de gastronomia, autor do *Almanaque dos gulosos* (1803) e dos famosos *déjeuners philosophiques*, criador de uma "arte do anfitrião", pai de algo que não é tanto uma ciência quanto uma arte, pois a "ciência de um gozo constitui uma arte"[20].

Onfray refere-se a ele como o inventor da "polidez gulosa", e de uma "cena gastronômica", pois seu gosto requintado e original pelo teatro, pelo artifício, pela máscara, pelo espetáculo faz convergir as noções da mesa como represen-

---

18. BRILLAT-SAVARIN, A. *A fisiologia do gosto*. São Paulo: Companhia das Letras, 1999, p. 57, 137.
19. Cf. ONFRAY, M. *O ventre dos filósofos*. Rio de Janeiro: Rocco, 1990. • *A razão gulosa*: filosofia do gosto. Rio de Janeiro: Rocco, 1999. • Principalmente *L'Art de jouir*. [França]: Livre de Poche, 1994.
20. CARNEIRO, H. Op. cit., 2003, p. 123: "[...] é também como aspecto da história da arte que a história da alimentação deve abordar a gastronomia".

tação, jogo, cenografia, palco, catarse lúdica[21]. O que fez com que hoje possamos pensar mais facilmente nos restaurantes como "teatros de comer", como o sugere o historiador brasileiro Henrique Carneiro[22]. Restaurantes (*restaurant*, do verbo francês *restaurer*, restaurar, recompor): lugar de restaurar-se, *cena* da restauração.

Onfray precisa também mencionar, em sua filosofia *gourmande*, o grande Antonin Carême (1784-1833), o cozinheiro-pensador, arquiteto de uma revolução culinária no século XVIII, confeiteiro das formas decorativas e monumentais (suas famosas *pièces montés*) – Carême que inventou, segundo nosso filósofo, a cozinha chamada burguesa. Polígrafo, Carême redigiu notas, fascículos e livros, deixou desenhos, quadros, gravuras, manuais. Codificou a produção dos quatro tipos básicos de molhos, a que dava extrema importância: *espagnole, veloutée, allemande* e *béchamel* – quatro temperamentos. Queria ser arquiteto, virou confeiteiro. Principalmente, cozinhou. Quantas lições de alma em seus monumentos de açúcar!

Brillat-Savarin, Grimod de La Reynière, Carême – assim como outros importantes "autores" de gastronomia (La Varenne, François Massialot, Auguste Escoffier e suas

---

21. "A mais íntima essência dessa arte, porém, tem uma natureza performática, pois o convívio à mesa é teatro, espetáculo, evento" (MONTANARI, M. *Comida como cultura*. São Paulo: Senac, 2008, p. 159).
22. CARNEIRO, H. Op. cit., p. 19.

reflexões sobre o "bom gosto"): todos *idéologues*, filósofos gulosos[23].

*

Pensando na gustação propriamente dita, o sentido do paladar é tão complexo que nele a alma se vê repleta de possibilidades imaginativas de prazer e de dor, que traduzem elevação e abismo, inspiração e vertigem. É um campo aberto para a psicologia. As imagens que ali nascem para descrever os estados da alma são inúmeras, na literatura, na arte, na clínica.

Podemos considerar o gosto como um ato especial do tato. Diríamos que ele é um *tato profundo*. Sem os elementos misteriosos que nos fazem chegar à alma o sabor das coisas, ficaríamos apenas no mero contato físico superficial com elementos concretos, sentindo formas mais ou menos definidas dentro da boca, algo como uma cegueira funcional. Com o gosto, capturamos e incorporamos a alma do que está ali em contato conosco. Agora nos ressentimos de toda uma psicanálise da umidade, pois precisaríamos compreender em profundidade que é essencialmente o suco nas coisas e a umidade na boca que transportam o sabor.

---

23. Cf. a este respeito a excelente pesquisa do historiador e jornalista Rudolf Trefzer: *Clássicos da literatura culinária*: os mais importantes livros da história da gastronomia. São Paulo: Senac, 2009.

Talvez não tenhamos alcançado ainda o sentido original completo de *sapere*. Parece correlato de *sapa* que era usado para o suco fervido da uva, mas, como aparece em seus derivativos nas línguas românicas (o italiano *sapa*, o francês *sève* etc.) e os cognatos germânicos (o anglo-saxão *sæp*, o islandês antigo *safi*, o alemão *Saft* etc.), deve ter significado de modo mais geral "seiva, suco". É natural pensarmos que o sabor da comida (p. ex., um pedaço de carne ou fruta) está em seu sangue ou suco, e não nas fibras que restam quando este foi extraído. [...] muito explicitamente para ele [Lucrécio] e outros escritores latinos "sabor" é *sucus*[24].

O gosto está no suco das coisas. O suco é o saber das coisas. Saber é extrair o suco.

À educação do gosto chamamos *gastronomia* (palavra antiga que aparece desde 1623, segundo Michel Onfray), que é também o saber dos sabores, ou a "consciência da culinária", como a chamou Câmara Cascudo, em seu livro magistral *História da alimentação no Brasil*, publicado em 1967, insuperável até hoje[25]. Tanto uma ciência quanto uma arte, a etimologia da palavra revela que ela é uma disciplina dos *nomos* (legislação), lançando-nos, portanto, no campo das leis, da ordem, da medida, do código. Gastronomia: *gastro nomos*,

---

24. ONIANS, R.B. *The Origins of European Thought*. Cambridge: Cambridge University Press, 2000, p. 62.
25. Ler *História da alimentação no Brasil* é formar-se em gastronomia brasileira.

legislação do estômago. Sendo a codificação de um conhecimento em leis e regras, uma organização da experiência do sabor e do gosto, a gastronomia, em termos psicológicos está, portanto, no âmbito do arquétipo do Pai, que legisla e ordena, e que aqui se sobrepõe ao arquétipo da Mãe – este, mais direta e obviamente associado à alimentação, à nutrição e à comida, num plano mais instintivo, mais primário.

Nesse terreno das normas, podemos pensar a comida e o cozinhar nos termos e nas metáforas da linguagem, como código linguístico[26] – na esteira da imensidão de analogias aberta inicialmente por Claude Lévi-Strauss, tanto em sua *Antropologia cultural*, de 1958, quanto mais tarde no célebre *O cru e o cozido*, de 1964. Nessa direção, de forma notável, o historiador Henrique Carneiro, em sua introdução ao livro *Comida como cultura*, de 2004, do também historiador italiano Massimo Montanari, afirma que a cozinha...

> [...] possui um léxico – os produtos – e uma sintaxe – a refeição – e constitui-se assim como uma gramática complexa, em que a ordem dos pratos segundo critérios de sequência, associação e relação recíproca, identifica sujeitos principais, no caso ocidental especialmente as carnes e o pão, e os seus complementos. Os molhos, sem um sentido autônomo, servem de elementos de ligação para os conteúdos, como as preposições ou conjunções, enquanto os condimentos adjetivam de

---

26. "O acesso à essência de uma coisa nos advém da linguagem" (HEIDEGGER, M. "Construir, habitar, pensar". *Ensaios e conferências*. Petrópolis: Vozes, 2006, p. 126).

qualidades o sentido dos pratos. A retórica é o modo de preparar, servir e consumir, podendo ir do ritualismo silencioso dos monges à voracidade espalhafatosa dos banquetes[27].

Como está no terreno da codificação, a gastronomia também se insere naturalmente no âmbito da educação. Assim podemos, com razão, olhar para ela principalmente como uma *educação do sentido do gosto*, uma educação sensorial. Em linguagem junguiana: uma educação da *função sensação*, nos moldes em que James Hillman já sugeriu a possibilidade de uma educação das funções da consciência[28]. A função sensação é, para Jung, um modo de apreensão da realidade, pela consciência, fundada principalmente na informação imediata que nos chega por meio dos cinco sentidos físicos, portanto relacionando-se aos estímulos externos, mas também aos internos, isto é, às mudanças nos processos orgânicos internos (*CW* 6, § 792). Também foi chamada por ele como *la fonction du réel*.

O paladar não nasce pronto; desenvolve-se. Esse desenvolvimento tem a ver, por um lado, com um conhecimento avançado das identidades culturais das tradições culinárias,

---

27. MONTANARI, M. *Comida como cultura*. São Paulo: Senac, 2008, p. 10-11.
28. Cf. HILLMAN, J. "A função sentimento". *A tipologia de Jung*. São Paulo: Cultrix, 1990, p. 188-219. Segundo Jung, as outras funções da consciência – consideradas modos por meio dos quais ela constrói e organiza sua adaptação à realidade –, formando um *quaternio* com a sensação, são: pensamento, sentimento e intuição. Cf. JUNG, C.G. *Psychological Types*. *CW* 6.

próprias e estrangeiras e, por outro, com o experimentar de possibilidades, com a exposição a novos sabores, com educação estética, com disponibilidade emocional, com imaginação, e opõe-se, portanto, a uma padronização do gosto – padronização que temos assistido, aliás, com a globalização geral de todos os sentidos.

A gastronomia também convida, contudo, a *função sentimento*, pois tem a ver com discriminação e com avaliação. Lemos em Jung que a função sentimento envolve sempre "um tipo de *julgamento*, que difere do julgamento intelectual, pois seu objetivo não é estabelecer relações conceituais, mas montar um critério subjetivo de aceitação ou recusa" (*CW* 6, § 725). Apesar de não parecê-lo, o aparentemente simples, mas complexo julgamento, "gosto/não gosto" – a princípio, segundo Jung, exclusivamente do âmbito do sentimento – está na base de um desenvolvimento da sensação. A própria faculdade do gosto só poderá avançar à medida que avançamos e refinamos em nós nossos critérios de julgamento. Portanto a função psíquica do gosto está na fronteira da sensação e do sentimento[29].

*

---

29. "A gastronomia é um ato de nosso julgamento, pelo qual damos preferência às coisas que são agradáveis ao paladar em vez daquelas que não têm essa qualidade" (Aforismo VI. In: BRILLAT-SAVARIN. Op. cit., 1999, p. 15).

A gastronomia é, pode-se argumentar, uma fuga da natureza para a imaginação. Ela é, propriamente, criação. Esconde os alimentos na sua crueza e brutalidade naturais, a rudeza própria do cru (as carnes sangrentas, os animais mortos e eviscerados, os vegetais arrancados, cortados e picados, as frutas dilaceradas), revestindo-os de fantasia, com molhos, cremes, acompanhamentos, gelatinas coloridas, decorações, torções: apresentação. Saber comer aparece, portanto, como uma operação ainda mais da alma do que do gosto. A gastronomia (e neste plano, tanto a cozinha fina da alta gastronomia quanto a culinária simples do dia a dia) é uma construção, um claro modo também de cultivar a alma, um fazer psíquico, *psicopoiesis*. É invenção, é mito.

Anônimo, século XV. Biblioteca Apostólica Vaticana.

3

A BOCA E A PSIQUE DO ENGOLIMENTO

> *O ventre é o microcosmo eufemizado do abismo.*
>
> Gilbert Durand
> *As estruturas antropológicas do imaginário*, 1992.

É naturalmente a boca que primeiro e mais intensamente nos chama a atenção numa reflexão sobre alma e comida. É ela, em toda sua complexidade e extensão, o órgão do gosto. Nosso maior orifício, o trato oral, a cavidade bucal, como zona de prazer, zona erógena, como órgão de erotismo e liberdade, de memória e sentimento, com suas papilas, membranas, mucosas, palato, sensores, glândulas salivares, língua, dentes, lábios, garganta, todo esse aparelho fisiológico, essa complexa máquina de sentir – muito semelhante também, nesse sentido, aos órgãos sexuais – encaminha-nos para diversas excitações específicas determinadas por suas capacidades ou ações particulares de chupar, sugar, lamber, abocanhar, morder, mordiscar, mascar, mastigar, roer, degustar, devorar, deglutir, saborear e, finalmente, engolir.

Michael Maier. *Atalanta fugiens*, 1618. Emblema XIV:
Hic est Draco caudam suam devorans.

Tudo isso se inicia muito cedo – é de fato o começo de tudo. Pela boca, começamos. É por ali que começamos a explorar o mundo novo. E é também para onde eventualmente voltamos, quando os outros prazeres, ao longo do tempo, cruelmente nos deixam. Essas excitações, e seu caráter freudianamente orgasmático, são, em última instância, e como nos faz perceber Jung, *fantasias*: matéria psíquica. São essas fantasias que precisamos digerir.

Essa nossa supermáquina de sentir faz ainda convergir todos os sentidos, ao gosto unindo mais imediatamente o olfato (especialmente a olfação retronasal, que hoje, sabe-se, é importantíssima para a sensação de saciedade), o tato e, antes deles, a visão e a audição – sim, audição, pois a cozinha tem sua música: panelas que batem, pratos que se empilham, facas que trincham, molhos que borbulham, frituras que chiam, fogo que arde e estala, despertando ou excitando ainda mais a vontade de comer.

A boca apresenta-nos também ao universo das *texturas* e *consistências* na comida: o duro, o macio, o mole, o cremoso, o firme, o crocante. Também o pastoso, o caldento, o fibroso, o esponjoso, o viscoso, o melado, o gosmento, o elástico, o gelatinoso, o cartilaginoso, o espesso, o suculento. Toda uma *poética da sensação*. Fantasias gêmeas do sofrimento e do prazer, do gozo e da dor. Sobre essas texturas levantam-se as fantasias de uma vida mais ou menos gostosa, mais ou menos atraente ou repulsiva. Sobre essas texturas, e seu impacto psicológico, constrói-se também a propaganda e o comércio dos alimentos, seu apelo, especialmente o comércio dos alimentos industrializados, e qualquer uma dessas sensações pode a qualquer momento saltar das revistas, das telas de TV, do áudio do carro, no meio da noite, no claro do dia, trazendo todo um universo de sedução e memória para dentro da casa ou da emoção, enredando-nos em nós mesmos graças, claro, à imensa carga de fantasia que evocam.

Esse impacto psicológico do gosto e da boca em sua relação com a memória está presente também na arte e na literatura, e é quando lembramos, de forma muito emblemática, as famosíssimas *madeleines* proustianas molhadas na xícara do chá, pequenas e encantadoras. Espécie de brioche, essa "conchinha de pastelaria, tão generosamente sensual sob a sua plissagem severa e devota" – que desencadeia toda a busca do tempo perdido, ao chegar à boca do narrador logo no início do romance, no primeiro dos sete volumes da obra, *No caminho de Swann* – essa madalena torna-se, no palato de Marcel Proust, um verdadeiro "alçapão da memória involuntária"[30], trazendo para o Narrador toda sua existência de alma. Um interlúdio de gosto e alma. Não a anamnese da memória voluntária, mas a *recordação* da história da alma, como nos sonhos.

> E de súbito a lembrança me apareceu. Aquele gosto era o do pedaço de madalena que nos domingos de manhã em Combray (pois nos domingos eu não saía antes da hora da missa) minha tia Leôncia me oferecia, depois de o ter mergulhado no seu chá da Índia ou de tília, quando ia cumprimentá-la em seu quarto. O simples fato de ver a madalena não me havia provocado coisa alguma antes de que a provasse [...][31].

É também pela boca que nos chega todo o universo dos *sabores* propriamente ditos, aqueles saberes da sensação: os cinco principais, oficialmente catalogados (amargo, azedo, doce, salgado e umami), mas também acre, agridoce, picante,

---

30. CANÇADO, J.M. *Proust*: as intermitências do coração. São Paulo: Brasiliense, 1983, p. 31.
31. PROUST, M. *Em busca do tempo perdido*: no caminho de Swann. Porto Alegre: Globo, 1960, p. 46-47 [trad. Mario Quintana].

pungente, adstringente, insosso[32]. Sabores são saberes. O sentido original das palavras "sabor" e "saber" imbrica-se em sua raiz latina comum *sapere* ("ter gosto"), como vimos acima, que significa tanto uma qualidade de algo que pode ser "saboreado", e assim "discriminado", quanto, por extensão, "ter consciência" ou "inteligência", "ser sábio"[33]. Um homem sábio é, portanto, um homem "saboroso"[34].

O número de sabores é reduzido, mas, em combinação com os aromas e odores que a eles se juntam, torna-se infinito, estendendo-se, sem nomes, para muito além daquelas expressões gerais com as quais nos acostumamos a classificá-los. O gosto é politeísta. Com esses adjetivos do sabor e do gosto construímos relações, avaliamos situações, descrevemos estados da alma e das coisas, imaginamos a vida e seus desafios, comunicamos melhor alegrias e tristezas. Eles, mais que tudo, delimitam para a alma os processos de absorção do mundo, transformando a alma em mundo. A alma precisa dos sabores como precisa do mundo. Mais que uma

---

32. "O sabor é uma qualidade composta, uma combinação das sensações das papilas gustativas da boca e dos receptores olfativos localizados no teto das cavidades nasais" (McGEE, H. *Comida e cozinha*: ciência e cultura da culinária. São Paulo: WMF Martins Fontes, 2011, p. 430 [trad. Marcelo Brandão Cipolla]).
33. Cf. ONIANS, R.B. Op. cit., 2000, p. 61-62.
34. "Num sentido estrito, o termo 'gosto' está limitado a um ou mais dos cinco sentidos perceptíveis pela língua: doce, salgado, azedo, amargo e *umami*. Sabor é uma categoria mais ampla, abrangendo cheiros e gosto, e nossa relação a ele depende menos dos nossos genes do que da nossa experiência" (POLLAN, M. *Cozinhar*: uma história natural da alimentação. Rio de Janeiro: Intrínseca, 2014, p. 159 [trad. Claudio Figueiredo]).

ponte, os sabores são uma *perspectiva* diante das coisas, e com eles a fantasia decola. A imaginação dos sabores confunde-se então com a imaginação dos humores, e podemos assim coagulá-los em *tipos psicológicos*, à maneira de Jung, ou tipos de alma, à maneira dos antigos: colérica, melancólica, sanguínea, fleumática, adstringente, ácida, purgativa, biliosa, seca, úmida, e assim por diante[35].

Ainda pela boca, a alma distingue os *estados* da matéria ingerível: o cru, o cozido, o podre, o assado, o ensopado, o defumado, o tenro, o fresco, o mofado, o queimado, o refogado, o fervido, o frito, o apurado, o reduzido, o fermentado. Esses são estados da animação.

*

Antes de falarmos de processos digestivos propriamente ditos e seus símbolos, há sempre uma distinção a ser feita entre gastronomia e nutrição. A nutrição, como ato fisiológico, tem a ver com alimentação e saúde ("a saúde é o objetivo do nutricionista", lembra-nos Michel Onfray[36]). A gastronomia, como um complexo saber, tem a ver com prazer, com informação, com beleza, com estética, história, imaginação e cultura. Com ela, estamos no país da *anima*. Pois bem: a

---

35. Mais sobre humores, sabores e temperamentos no cap. 8, adiante: "Temperos e temperamentos".
36. ONFRAY, M. *O ventre dos filósofos*. Rio de Janeiro: Rocco, 1990, p. 27.

diferença está na boca. A gastronomia, por assim dizer, se dá na boca, na boca como órgão imaginativo, como órgão estético, e envolve uma consciência imaginal na boca, um sonho de boca. Gastronomia é "gozo do paladar com prazeres desinteressados de fins especificamente nutritivos"[37], no entendimento de Gilberto Freyre. Entender e praticar a alimentação apenas com fins nutritivos seria o mesmo que limitar a atividade sexual apenas a fins reprodutivos.

*

A alimentação é um processo que se dá ao longo de todo o tubo digestivo. Dá-se em fases e é, em larga escala, mais profunda, mais inconsciente. Não a percebemos com os órgãos dos sentidos, mas apenas com os órgãos da imaginação. Algo está dentro de nós e cumpre seu percurso. Mas, quando podemos percebê-lo, já está distante. Assim que engolimos alguma coisa, quando ela adentra goela abaixo, rumo ao Hades inescrutável de nossas misteriosas e obscuras entranhas, sai de nosso alcance, sai basicamente de nossa consciência egoica. Adentra, digamos, território anímico.

Engolir é um processo psicologicamente muito complexo, que envolve aceitação e, principalmente, disponibilidade para assimilação. Gaston Bachelard, o filósofo da Champagne

---

[37]. FREYRE, G. *Açúcar*: uma sociologia do doce, com receitas de bolos e doces do Nordeste do Brasil. São Paulo: Companhia das Letras, 1997, p. 45.

(nascido em Bar-sur-Aube), em seu ensaio sobre a imaginação do elemento terra, sobre os devaneios do repouso, distingue morder de engolir, para assinalar que "engolir é uma função mais primitiva"[38], portanto que envolve menos consciência, menos vontade consciente.

Ao engolir, iniciamos um processo difícil de reverter. Ao engolir, começamos a aceitar as coisas, aceitando integrá-las ao que somos. Muitos formatos patológicos, sabemos, incidem exatamente aí (bulimia nervosa, anorexia nervosa, aerofagia, ortorexia[39], comer compulsivo, obesidade, síndrome do comer noturno, vigorexia, pica[40]). Apesar de onívoros (uma verdade fisiológica), não é tudo que engolimos (uma verdade psicológica). Há coisas grandes demais, ou muito sólidas, amargas demais, indigestas ou simplesmente de que não gostamos ou que não se combinam conosco, que então não aceitamos: estas, não engolimos. Aceitar ou recusar algo depende da psique da boca. Depende do gosto.

Boca que abrimos ao mundo: de boca aberta (boquiabertos), de queixo caído, na maioria das vezes indica, ao contrário, que, surpresos ou chocados, estamos impedidos de "engolir".

---

38. BACHELARD, G. *A terra e os devaneios do repouso*. São Paulo: Martins Fontes, 1990, p. 121: "Por isso, engolir é uma função mítica".
39. Transtorno que se caracteriza pela fixação por alimentação saudável, escrutinando o conteúdo nutricional de cada elemento ingerido.
40. Transtorno que se caracteriza pela ingestão de substâncias não comestíveis, como sabonete, tijolo, argila, gesso, giz.

Lambsprinck. *De lapide philosophico*, 1625.

Nada detém a imaginação do engolimento. Os seres engolidos, a legendária "fauna estomacal" começa, como enumera Bachelard, com sapos, lagartos, cobras, rãs, peixes. Depois, tudo o mais pode ser engolido, até que, "num grau mais avançado, é o engolidor que é explicitamente engolido"[41]. "O folclore de Gargântua oferece inúmeras ilustrações

---

41. DURAND, G. *As estruturas antropológicas do imaginário*. São Paulo: Martins Fontes, 2002, p. 207.

para uma psicologia do *engole tudo*"[42]. No livro de Rabelais, Gargântua é um comilão insaciável, que "ingurgita rios, carroças, barcos com a tripulação"[43]. Nesse campo, Bachelard descreve também um "complexo de Jonas", como um fenômeno psicológico da deglutição, onde a imaginação do ventre está totalmente aberta. Com essas figuras, nessas imagens, aprendemos ainda mais sobre a psicologia da voracidade. O ventre, essa "cavidade acolhedora" (Bachelard) do devaneio popular, serve de repouso ou acolhimento a quase tudo na imaginação digestiva.

Diante do arquétipo do engolidor-engolido, resta-nos reconhecer plenamente uma de suas imagens mais primitivas, aquela do peixe grande que engole o pequeno. Desde a infância estamos envolvidos ou fascinados por ela.

Na imaginação do engolimento, encontramos ainda aquela célebre imagem alquímica da serpente que engole o próprio rabo, *ouroboros*, o uroboro, o comedor de cauda – uma imagem trabalhando dentro de nós, suponho, a *alquimia da satisfação*. Um sistema que se nutre de si mesmo, nada precisando de fora. A alquimia da satisfação é, provavelmente, aquilo que a psicologia moderna chama de "identidade"[44].

---

42. BACHELARD. Op. cit., 1990, p. 111.
43. DURAND, G. *As estruturas antropológicas do imaginário*. São Paulo: Martins Fontes, 2002, p. 207.
44. "Agora podemos compreender melhor o Uroboro como básico para a psicologia alquímica. O Uroboro é tanto ativo quanto estático, pois sua atividade está

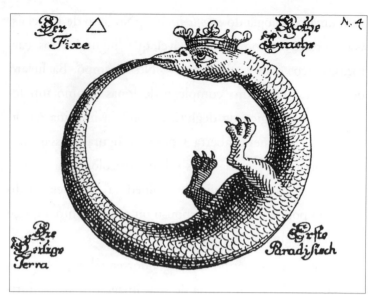

A. Eleazar. *Donum Dei*. Erfurt, 1735.

Assimilação, com efeito, é tudo o que, em última instância, define psicologicamente o vasto capítulo da nutrição e da comida. Do ponto de vista do imaginário do ventre digestivo, assimilação, quero salientar, depende essencialmente de nossa capacidade de nos tornarmos permeáveis. Qualquer metabolismo, qualquer sistema vivo físico ou psíquico, depende de permeabilidade – quando conteúdos internos e externos podem se relacionar, trocar e se influenciar e nutrir. Disso depende nossa vida de alma, nossa vida íntima. A metáfora da assimilação é aquilo que em psicologia e psicanálise

---

dentro de si mesmo e não objetiva nada para além de si mesmo" (HILLMAN, J. "O amarelecimento da obra". In: *Psicologia alquímica*. Petrópolis: Vozes, 2011, p. 349 [trad. Gustavo Barcellos]).

aprendemos a chamar de "elaboração"[45]. É também o que permite Gilbert Durand afirmar que "toda a alimentação é transubstanciação"[46], e James Hillman da mesma forma insistir que "comer é um momento de transubstanciação, onde o que é apenas natural torna-se também metafórico"[47], torna-se matéria sutil[48].

---

45. Elaboração: "Expressão utilizada por Freud para designar, em diversos contextos, o trabalho realizado pelo aparelho psíquico com o fim de dominar as excitações que chegam até ele e cuja acumulação ameaça ser patogênica. Este trabalho consiste em integrar as excitações no psiquismo e em estabelecer entre elas conexões associativas" (LAPLANCHE, J. & PONTALIS, J.-B. *Vocabulário da Psicanálise*. São Paulo, Martins Fontes, p. 196.

46. DURAND. Op. cit., 2002, p. 257.

47. HILLMAN, J. *O sonho e o mundo das trevas*. Petrópolis: Vozes, 2013, p. 247 [trad. Gustavo Barcellos].

48. Também Edward Edinger comenta neste contexto: "Todos os sonhos que envolvem alimento têm ao menos uma referência distante ao simbolismo da Eucaristia, embora por vezes pareça mais com uma Missa Negra" (EDINGER, E. *Anatomia da psique*: o simbolismo alquímico na psicoterapia. São Paulo: Cultrix, 1990, p. 129).

4

AS METÁFORAS DIGESTIVAS

O ensopado é a vida; o assado é a morte.
Claude Lévi-Strauss
A origem dos modos à mesa, 1968.

É preciso digerir para viver, disse Brillat-Savarin. Nada mais psicológico, convenhamos. A digestão, contudo, requer movimentos musculares autônomos e ondulatórios (a peristalse inconsciente), que impelem e fazem o alimento caminhar através do percurso digestivo gastrointestinal (mais ou menos 8 ou 9 metros de tubo contínuo)[49] para que ocorra a assimilação do que foi ingerido. Por sua vez, isso envolve processos químicos delicados, complexos, sutis. O que todo esse dinamismo exige de mais fundamental para funcionar é calor. E tudo nele assim lembra, repete, espelha ou mesmo continua o próprio cozinhar de pias, panelas, fornos e fogões, de colheres e facas – junção e divisão, separar e unir,

---

49. O trato digestório completo inclui boca, faringe, esôfago, estômago, intestino delgado, intestino grosso, reto e ânus.

caos e ordem. Na cozinha de dentro, ou na cozinha de fora, tudo se transforma pelo fogo[50].

Esse é um caminho unidirecional. Quase nunca tem volta. A volta, nesse caso, é uma disfunção: o vômito. Como um evento raro, problemático e especial, envolve também especiais e problemáticos eventos de alma, eventos de refluxo, eventos da náusea. Vomitar é uma reflexão da recusa. O vômito é filosófico. Devolvendo, a alma sinaliza querer livrar-se de algo, muitas vezes de uma profusão de imagens contraditórias. Rejeição e recusa nos falam então da alma contrariada, falam que a alma também contraria, vai no sentido contrário, re-flui, impondo seus limites de absorção. "A saída do ventre é automaticamente um regresso à vida consciente e mesmo a uma vida que *quer* uma nova consciência"[51]. A imaginação expelente é arquetípica: vontade poderosa de expelir.

O estômago (*gaster*), primeira parada nessa longa linha, foi muitas vezes imaginado e entendido como um caldeirão fervente, extremamente ácido, ou como um forno alquímico, uma fornalha, onde as coisas começam a ser desmembradas e transformadas. Em termos alquímicos, o estômago (do

---

50. "[...] o que o fogo lambe tem outro gosto na boca dos homens [...] pelo fogo tudo muda" (BACHELARD, G. *A psicanálise do fogo*. São Paulo: Martins Fontes, 1994, p. 85, 86 [trad. Paulo Neves]).
51. BACHELARD, G. *A terra e os devaneios do repouso*. São Paulo: Martins Fontes, 1990, p. 117.

grego *Stómakhos*, orifício, abertura) é o tempo da *nigredo*[52], e o lugar da *solutio*[53], da dissolução das formas. Foi chamado pela Antiguidade clássica de "rei das vísceras". *Stomachus*, para os romanos, era a sede da ira, da cólera. "O estômago, ótimo inspirador e péssimo líder, explica muito mistério da História"[54]. Ele é o próprio ventre digestivo, diferente do ventre sexual, do ventre ginecológico. "O *gaster* representa o elemento ardente, bestial e selvagem no homem, aquela animalidade interna que nos acorrenta à necessidade da comida"[55]. É um vaso, um continente e apresenta-nos à imaginação do abrigo, tanto quanto o vaso, a caverna, a gruta, a gaveta, a manjedoura, a casa, o útero, o ovo. Durand explica que o estômago é o primeiro órgão a nos conduzir às fanta-

---

52. A alquimia de raiz paracélsica (Paracelso, pseudônimo de Philippus Aureolus Theophrastus Bonbastus von Hohenheim [1493-1541], médico, filósofo, astrólogo, físico, alquimista e cientista natural suíço-alemão) está fundamentada na concepção de três grandes fases para a transformação da matéria (de metal vulgar, chumbo p. ex., em ouro): *nigredo*, *albedo* e *rubedo*, representadas, respectivamente, pelas cores preto, branco e vermelho. A *nigredo* é o estágio inicial da obra alquímica, no qual o metal impuro, *prima materia* da Pedra Filosofal, atravessa, entre outros, processos de putrefação, mortificação e dissolução de modo a perder sua forma original rumo a uma total transformação, regeneração e renascimento. Segundo a mentalidade do alquimista, em nenhum campo da existência poderia haver renovação sem corrupção.

53. A obra alquímica de transformação consiste de uma série de complexas operações, realizadas de acordo com as fases do processo no laboratório do alquimista. A *solutio* é uma das principais operações alquímicas, e representa a dissolução de toda matéria rígida.

54. CÂMARA CASCUDO. Op. cit., 2004, p. 34.

55. VERNANT, J.-P. "At Man's Table: Hesiod's Foundation Myth of Sacrifice". In: DETIENNE, M. & VERNANT, J.-P. *The Cuisine of Sacrifice among the Greeks*. Chicago: The University of Chicago Press, 1989, p. 59 [trad. Paula Wissing].

sias da profundidade e aos arquétipos da intimidade, e lembra que, em correspondência, muitas vezes "a alquimia adota a forma estomacal para construir os seus alambiques"[56].

Speculum veritatis, século XVII. Biblioteca Apostólica Vaticana, Cod. lat. 7286.

Na alma gástrica há um fogo que é preciso manter aceso e tenso, ora intensificando-se, ora abrandando-se. O estômago é uma retorta. É o forno da forja. Aqui, no nível do estômago, está o *chakra* emocional, *manipura*, e assim "o estômago é especialmente sensível a queixas que decorrem de emoções não digeridas"[57]. Há muitas feridas de alma que

---

56. DURAND. Op. cit., 2002, p. 256.
57. JACKSON, E. *Alimento e transformação*: imagens e simbolismo da alimentação. São Paulo: Paulus, 1999 p. 143.

se expressam neste ponto. É aí que tantas vezes estamos mais inflamados, mais apaixonados – ou mais contrariados, muitas vezes ao ponto mesmo da ulceração. Pois muita coisa revolta o estômago. A inflamação do estômago, a gastrite, é mal que não se apaga facilmente. Estamos ácidos demais, corrosivos demais. É quando podem entrar em cena, agora em movimento contrário, os tão populares antiácidos, como o sal de frutas, por exemplo.

É também no nível do estômago que se dá a curiosa função da ruminação, que em humanos acontece quando cogitamos profundamente as coisas. Para o inconsciente gástrico, para o inconsciente que acolhe os eventos depois de terem sido inicalmente apanhados e triturados pela boca, muitas vezes remoer por longos períodos é o imperativo da meditação. Sem pressa. É a espera. Em termos alquímicos, a *ruminatio* é uma espécie de *circulatio*. "Um sonhador que imaginar uma ruminação construtiva irá compreender, à sua maneira, por que há tantas bolsas no estômago dos ruminantes", escreve Bachelard[58]. A ruminação requer seu espaço ampliado, e seu tempo alargado.

Paracelso, curiosamente, atesta que o médico, para conhecer o verdadeiro sentido da saúde, deve considerar que existem milhares de "tipos de estômago": há aqueles que di-

---

58. BACHELARD, G. *A terra e os devaneios do repouso*. São Paulo: Martins Fontes, 1990, p. 197.

gerem mais, outros menos, e cada estômago é adequado ao homem a quem ele pertence.

Digerir é um processo muito complexo, que envolve muitos órgãos. Pâncreas, baço e vesícula biliar são, nesse processo, importantes coadjuvantes. Mas tudo começa no estômago, nosso lugar de recepção das coisas. Estômago e mente estão ligados, e é para o estômago que trazemos as ideias, as mentalidades, o que se passa em nosso mundo mental: alegrias, planos, sonhos, mas principalmente os medos, as apreensões, as ideações e imagens da ansiedade. E tudo termina com os intestinos, nossos órgãos de expedição. Estômago e intestino são os pontos importantes na digestão das coisas. Trabalham em parceria com o pulmão, que também espelha esse processo: inspiração, expiração. Digerir não é fácil, envolve todo o organismo. A digestão envolve a vida, envolve os afetos. Por ela e através dela a condição humana se define. Tudo é uma questão alquímica de recepção e expedição. O que nos entra, e o que de nós sai. Recepção e expedição. Digerir é tudo.

O fígado (*ficus*, figueira), por sua vez, escreveria um capítulo à parte na imaginação da alimentação, tamanha sua versatilidade e multiplicidade de funções. Ele é o centro do metabolismo, o "grande órgão sanguíneo das paixões vivazes"[59]. Realiza sínteses e transformações de substâncias. Em

---

59. HILLMAN, J. *O sonho e o mundo das trevas*. Petrópolis: Vozes, 2013, p. 246 [trad. Gustavo Barcellos].

nossa tradição simbólica, concentra muitos aspectos da vida emocional, indo da ira ao júbilo. É nossa índole. É denso e obscuro e, portanto, processa densidades e obscuridades da existência. O fígado é também o lugar do excesso. A imaginação dos excessos é hepática por natureza: apaixonada, jubilosa, pelo fígado nos descontrolamos, vamos além do que podemos assimilar habitualmente e nos intoxicamos, nos envenenamos. Também nos exaltamos[60]. Como é do excesso, é também da exceção: é o órgão que nos arranca de nosso Eu habitual, apresentando-nos àquele Outro dentro de nós que não reconhecemos, e que se nos revela por meio das intoxicações da raiva, do entusiasmo, da bebedeira, do êxtase, da encenação histérica, da loucura dionisíaca.

O fígado tradicionalmente tem função divinatória[61], e era usado nos sacrifícios gregos para se compreender as intenções do deus. Após a matança do animal, é o órgão a ser examinado primeiro, com ansiedade pelo sacerdote: sua configuração, cor, brilho, aspecto diziam se o sacrifício seria ou não aceito. O fígado é assim um órgão de comunicação entre homens e deuses. Um mediador.

---

60. A propósito, no processo alquímico, a exaltação (*exaltatio*) é um estágio que ocorre depois da fermentação (*fermentatio*). Cf. ABRAHAM, L. *A Dicitionary of Alchemical Imagery*. Cambridge: Cambridge University Press, 1998, p. 72. O *Lexicon* de Ruland (1612) afirma que a fermentação é "a exaltação da Matéria em sua parte essencial". A exaltação é uma operação que pertence aos últimos estágios da obra, como também a *multiplicatio* e a *rotatio*, quando estamos então mais próximos da pedra filosofal.

61. Cf. GAZOLLA, R. "Platão e a adivinhação a partir do *Timeu*". Revista *Hypnos*, n. 29, 2º sem./2012, p. 204-217. São Paulo.

Para Platão, o fígado é uma manjedoura. Jean-Pierre Vernant comenta significativamente sobre esse contexto:

> O fígado é uma manjedoura, mas sua estrutura é tal que, em seu lugar na cavidade abdominal, funciona como um espelho refletindo os pensamentos diretamente lá projetados pelo poder do intelecto na forma de imagens. Num tipo de emanação, o *nous*[62] pode amedrontar o fígado ao desenhar visões apavorantes sobre sua superfície ou acalmá-lo com figuras suaves e gentis, fazendo dele o órgão da divinação durante o sono. [...] Lá embaixo na manjedoura do fígado, o elemento imortal e divino contido na alma humana pode, fora de toda a razão e ultrapassando a intermediação do coração, manifestar-se de alguma forma nos fantasmas que assombram os sonhos daquele que dorme[63].

Uma alma profunda está no fígado. O espelho do fígado intermedeia as intenções dos deuses para conosco, para com nosso destino, através dos sonhos e fantasmas que lá habitam. Tem poder de visão. O fígado é o lugar do oráculo.

O clímax do processo de assimilação se dá, contudo, no nível intestinal, delgado e grosso, onde finalmente po-

---

62. Termo filosófico grego que significa atividade do intelecto ou da razão, em oposição aos cinco sentidos.

63. VERNANT, J.-P. "At Man's Table: Hesiod's Foundation Myth of Sacrifice". In: DETIENNE, M. & VERNANT, J.-P. *The Cuisine of Sacrifice among the Greeks*. Chicago: The University of Chicago Press, 1989, p. 55 [trad. Paula Wissing].

demos sentir e compreender totalmente nossa permeabilidade e suas confusões, nossa assimilação e suas patologias, seus impedimentos por rigidez ou soltura, retenção ou diarreia – que sempre refletem, em última análise, a dialética entre medo e coragem. Entra agora em operação o processo alquímico de *coagulatio*, e falamos de um bolo alimentar, do "quilo". As experiências que se dissolveram e foram discriminadas e separadas no nível do estômago, agora reúnem-se num outro tipo de vínculo, formando um novo todo, solidificando-se novamente, perdendo a fluidez adquirida e tornando-se massa nova, novidade fecal. *Solve et coagula* alquímicos estão completos[64]. Nesse campo misterioso e profundo do corpo e da alma, nessas trevas viscerais (*entera*), nesse "esgoto vivo"[65], a imaginação está cada vez

---

64. *Solve et coagula*, dissolver e coagular, é uma fórmula que representa um dos principais segredos da alquimia europeia medieval, e um dos mais antigos e recorrentes axiomas da arte hermética. Revela a concepção de que o processo alquímico repete os processos da natureza, onde se alternam constantemente um movimento que envolve a conversão de um corpo sólido numa substância fluida (*solutio*), e outro a seguir que envolve a coagulação desse elemento fluido numa substância sólida (*coagulatio*). A opus alchymicum consiste numa série de repetidas dissoluções e coagulações. Como uma potente metáfora, também podemos nos referir a esse processo de *solve et coagula* como a necessidade que tudo o que é volátil encontra de tornar-se fixo, e de tudo o que é fixo de tornar-se volátil. Em outras palavras, podemos dizer que nossos sonhos aspiram tornar-se concretamente reais, e nossas convicções e certezas que sentimos inquestionáveis precisam encontrar asas e decolar. Do contrário, os sonhos se pulverizam sem nada alterar nossa realidade, e as certezas se enrijecem tornando-se dogmas autoritários.

65. "O intestino, esse esgoto vivo [...]" (DURAND, G. *As estruturas antropológicas do imaginário*. São Paulo: Martins Fontes, 2002, p. 118).

mais fértil, mais adubada, e estamos prontos para oferecer ao mundo nossos "produtos", nossas criações[66]. Aqui podemos considerar toda a influência que a expulsão (*desassimilatio*) dos excrementos dos nossos processos tem em nosso caráter, a fantasia anal propriamente dita, pois a defecação também nos erotiza e, mais, inicia-nos nas dinâmicas psíquicas do controle – controle principalmente da oposição entre soltura e retenção na alma, que por sua vez traduzem generosidade e avareza no caráter. Aqui estamos assimilando, como também o fez Hillman, tanto a tradição freudiana, que associa intestinos com caráter, comportamento e analidade, quanto a junguiana, que relaciona seus produtos com nossas expressões criativas.

Nesse nível mais profundo de nós mesmos é também onde se fundem os reinos animal e vegetal – pois imaginamos esse território como uma *flora intestinal* dentro de nós, ou melhor, de fato uma "flora animal", por assim dizer. Na verdade, uma "microflora", chamada pelos cientistas de "microbiota intestinal", composta por uma comunidade de micro-organismos tais como bactérias, fungos, arqueas,

---

66. "O trato labiríntico dos intestinos já foi considerado um mundo das trevas interiorizado, com seu calor, sua localização profunda e fedor sulfúrico. [...] A palavra que a medicina ainda utiliza para o ronco dos intestinos (*borborygmus*) é a palavra que Platão (*Fedro* 69c) e Aristófanes usaram para o lodo imundo do mundo das trevas. Um hino órfico mais recente chama a Deusa do reino da morte de *borborophoba*, que nós podemos verter no duplo sentido de medo de merda: ela que a mantém distante, e ela que a faz fluir em pânico" (HILLMAN, J. *O sonho e o mundo das trevas*. Petrópolis: Vozes, 2013, p. 259 [trad. Gustavo Barcellos]).

vírus e protozoários, formando uma "ecologia microbiana". Exatamente aqui, processamos a alma animal e a alma vegetal.

Enfezados, diarreicos, constipados são os termos nos quais sonhamos e lidamos com nosso cocô, nossa merda, nossa sombra – aquilo que está fora da luz, ou numa luz incerta – numa dialética esfincteriana de abertura ou fechamento, de aceitação e recusa, de apropriação e rejeição. A alma está diante de tudo aquilo que em nós demanda expulsão, que é dejeto.

Por outro lado, na grande digestão imaginal da fornalha alquímica, na longa e trabalhosa Obra Alquímica, o excremento, ou aquilo que se dá ao final do processo digestivo das substâncias primárias, é nada mais nada menos que o *ouro*.

Portanto, ouro e excremento simbolizam-se mutuamente no plano psíquico, o que permite a imaginação do alquimista alertar num axioma famoso: *in stercore invenitur* (havemos de encontrar [nosso ouro] na merda) – metáfora que aponta para a verdade psicológica de que em nossos aspectos malditos, em nossos piores elementos, em nossa sombra, em nossas fraquezas morais e emocionais, em nossas falhas e fracassos, lá havemos de encontrar o verdadeiro e precioso potencial de evolução e transformação psíquica. Dura lição, lição de pedra. A esse respeito, Gilbert Durand lembra também, numa afirmação importante, que a avareza, não por acaso, "marca o excremento e o ouro"[67].

*

---

67. DURAND. Op. cit., 2002, p. 264.

A digestão é um processo direcionado à descensão, e que portanto também nos conduz para baixo e para dentro. Para dentro: a digestão nos interioriza, pois é *dentro* que digerimos as coisas. Para baixo: a comida desce. (Ou, *não* desce!) É assim um processo de aprofundamento, rumo a níveis mais inconscientes. Nesse sentido, a digestão está de acordo com a grande metáfora psicológica que desde os primeiros dias da psicanálise busca as camadas mais profundas do ser, o profundo, dentro e abaixo do mundo diurno do ego habitual consciente, e portanto serve perfeitamente como analogia para a psique imaginar seu trabalho. A psicoterapia entra aqui como parte dessa complexidade imaginativa e linguística que explora um mundo das trevas: digerir, engolir, engasgar, entalar, mastigar, saborear, degustar, assimilar, processar, cozinhar, alimentar, ruminar, evacuar estão presentes nas locuções populares *e* também nas locuções da terapia, nas locuções do discurso vígil *e* do sonho. Essa retórica nos apresenta o modo *digestivo* de trabalhar com as imagens, as belezas e os sofrimentos da alma. São metáforas digestivas.

Foi o antropólogo Claude Lévi-Strauss quem trouxe a metáfora decisiva para pensarmos e entendermos a culinária, a alimentação e a digestão como um processo em que a natureza vira cultura: o cru e o cozido[68]. E em seu ensaio

---

68. "A preparação da comida é uma mediação entre natureza e cultura", também afirma o historiador italiano Paolo Rossi em *Comer: necessidade, desejo, obsessão*. São Paulo: Unesp, 2014, p. 33 [trad. Ivan Esperança Rocha]. Para a psicologia profunda, essa mediação chama-se *alma*.

"Pequeno tratado de etnologia culinária", do livro *A origem dos modos à mesa*, de 1968, ele escreve:

> Durante a digestão, o organismo retém temporariamente o alimento, antes de eliminá-lo sob uma forma elaborada. A digestão tem, portanto, uma função mediadora, comparável à da culinária, que suspende um outro processo natural, que leva da crueza à putrefação. Nesse sentido, pode-se dizer que a digestão oferece um modelo orgânico antecipado da cultura[69].

Mas é exatamente aqui que podemos apresentar o ponto de vista psicológico, e entender que a metáfora digestiva é, antes e também, um "modelo orgânico antecipado" *do trabalho psíquico*, onde o que é apenas natural vira alma por meio da imaginação, onde o que é literal torna-se metafórico (ou simbólico), e abre-se para outros nexos. É o que fazem os sonhos, as fantasias e as formações sintomáticas. A imaginação, nesse sentido, é propriamente um "cozinhar" e um "digerir", trabalhando com processos de separação e junção, de destruição e construção.

---

69. LÉVY-STRAUSS, C. *A origem dos modos à mesa* – Mitológicas. Vol. 3. São Paulo: Cosac Naify, 2006, p. 429. Em *O cru e o cozido*, escreve: "O eixo que une o cru e o cozido é característico da cultura, o que une o fresco e o podre, da natureza, já que o cozimento realiza a transformação cultural do cru, assim como a putrefação é sua transformação natural" (LÉVY-STRAUSS, C. *O cru e o cozido* – Mitológicas. Vol. 1. São Paulo: Cosac Naify, 2004, p. 172 [trad. Beatriz Perrone-Moisés]).

E foi James Hillman quem mais entendeu essa importância das metáforas digestivas para a psicologia profunda:

> O sonho não é tanto um comentário sobre o dia, mas um processo que o está digerindo, uma quebra e uma assimilação do mundo diurno dentro dos tratos labirínticos da psique. O trabalho do sonho cozinha os eventos da vida em substância psíquica através de modos imaginativos – simbolização, condensação, arcaização. Esse trabalho retira as questões da vida e as transforma em alma, ao mesmo tempo alimentando a alma a cada noite com novo material[70].

*

A digestão obedece ao princípio alquímico mais amplo da *nigredo*, ou seja, não há geração sem putrefação, não há criação sem destruição. Das mesmas raízes latinas de *digestione* (*géssi, géstum, gerère*: executar, fazer) vêm "gestar", "gesticular", "gesto", "registro", "sugerir", "ingerir". *Digerère, digèro*: "levar para diversas partes, dividir, desunir, dis-

---

[70]. HILLMAN, J. *O sonho e o mundo das trevas*. Petrópolis: Vozes, 2013, p. 145 [trad. Gustavo Barcellos]. Sobre sonhos com comida, o analista junguiano Edward Edinger faz este comentário interessante: "Sempre que, num sonho, se oferece comida, a regra geral é a de que, por mais desagradável que pareça, a comida deve ser ingerida. Às vezes [...] a comida tem qualidades estranhas ou miraculosas, indicando que vem do nível arquetípico da psique. O exemplos bíblicos são o maná do céu, enviado aos israelitas do deserto (Ex 16,12) e a alimentação dos quatro mil (Mt 15,32)" (EDINGER, E. *Anatomia da psique* – O simbolismo alquímico na psicoterapia. São Paulo: Cultrix, 1990, p. 129).

solver, digerir, absorver, desfazer, pôr em ordem, classificar" (Houaiss). *Digerir* também traz o sentido de sofrer, suportar com resignação, como em relação a paixões, dores, insultos e afrontas. Em derivação por metáfora: estudo refletido, meditação. Paradoxalmente, *digestivo* assume também (especialmente na imaginação popular) o caráter de algo leve, ligeiro, superficial. Seu avesso, no entanto, como *indigestão*, marca o contrário, ou seja, a paralisia ou o impedimento, permanente ou momentâneo, dos movimentos de aprofundamento e assimilação da matéria.

Todo o campo linguístico das metáforas digestivas serve então para nos guiar nesse trabalho de perceber, compreender, elaborar e assimilar a coisa alma. Podemos perceber agora que a alimentação traz uma complexidade de imagens psíquicas que torna possível falar em termos junguianos verdadeiramente de um *complexo da comida*. Nesse meio de campo, o *complexo da comida*, no entanto, pode e precisa ser distinguido do *complexo materno* – certamente onde está sua origem, e que portanto muito se confunde com ele. Não são a mesma coisa. Prova disso está que a digestão, assemelhada como um todo mais fortemente às operações alquímicas da *putrefactio*, da *mortificatio* e da *solutio*, como sugeri há pouco, e aos sentidos semânticos de "dividir, desunir, dissolver", como vimos, reforça para a alma, na verdade, sua conexão inerente mais íntima com a morte, não com a vida, como é natural do complexo materno.

Donut Dei, século XVII.

O *chakra* que nos relaciona diretamente com a matéria e sua assimilação literal é difícil de ser metaforizado. *Manipura*, conforme Jung, indica o ser humano corpóreo, e é "o lugar do fogo e dos pares de opostos"[71], onde as substâncias são digeridas, isto é, transformadas. É onde a matéria vira alma. *Manipura* é o centro do fogo, simbolizando fonte de energia[72]. Jung também observa, em seu seminário sobre a *Psicologia da Kundalini Yoga* (1932), que "há uma certa categoria de eventos psíquicos que ocorre no estômago"[73], e que o abdômen é a primeira localização psíquica de que temos consciência, *plexus solaris* – pois é verdade que dificilmente, e só como exceção, temos consciência de algo mais profundo, como os rins ou o pâncreas, por exemplo, onde nenhuma cultura jamais localizou a faculdade da consciência.

De qualquer forma, Jung identifica a psique do estômago; queremos aqui encontrar o estômago da psique. Ou seja, queremos uma aproximação e um entendimento *não* da psique do corpo, mas da interpenetração e coincidência de

---

71. JUNG, C.G. *The Psychology of Kundalini Yoga* – Notes on the Seminar Given in 1932. Princeton: Princeton University Press, 1996, p. 76 [Bollingen Series XCIX].

72. "O elemento portador da força e da atividade de tudo o que nasce e vive, que não tem em si mesmo início e nem terá fim, é o quente, o seco, e aparece designado com o nome de um estado elementar que não se pode conceber sem movimento: o fogo. [...] Aquilo que, dentro da variedade dos fenômenos do universo, ainda conserva sua natureza divina, que é ígnea, é o que Heráclito chama de 'psique'" (ROHDE, E. *Psique* – La idea del alma y la inmortalidad entre los griegos. México: FCE, 2006, p. 276).

73. JUNG, C.G. Op. cit., p. 34.

psique e corpo, e para isso precisamos do corpo da psique. Esse corpo é um *corpo imaginal*[74].

Johanes Andreae, século XV.

---

74. Cf. a esse respeito meu *Voos e raízes* – Ensaios sobre imaginação, arte e psicologia arquetípica. São Paulo: Ágora, 2006, cap. 6, "Corpo e alma", para uma reflexão sobre o corpo da psique.

5

COZINHA IMAGINAL

> *A fantasia do "cru e o cozido" começa no sonho da psique. Esse cozinhar da coisa psíquica que acontece durante a noite, porque é um cultivo de alma, é tão fundamental para a cultura como o são as outras formas de cozinha e artesanato que a antropologia sustenta.*
>
> James Hillman
> *O sonho e o mundo das trevas*, 1979.

A cozinha, como a alquimia – e tantas vezes repete-se essa aproximação[75] –, é uma lição de paciência. Contrárias a essa verdade marcada na alma, as modernas panelas de pressão (assim como o forno de micro-ondas e tantas outras tecnologias da velocidade, as de hoje como as de amanhã) operam uma aceleração no preparo dos alimentos que é to-

---

[75]. "[...] como um alquimista, o cozinheiro sanciona o triunfo da arte sobre a natureza", é um belo exemplo dessa sugestão na literatura gastronômica, que ocorre em MARCHESI, G. & VERCELLONI, L. *A mesa posta – História estética da cozinha*. São Paulo: Senac, 2010, p. 93.

talmente violenta, forçada e, talvez, incrivelmente sádica[76]. Economiza recursos e tempo. Está de acordo com o ego acelerado dos grandes centros urbanos. "O tempo é o ingrediente que falta nas nossas receitas – e em nossas vidas"[77]. Nenhuma comida boa (leia-se, psicologicamente saudável) pode sair delas e, sintomaticamente, não as encontramos em bons restaurantes, restaurantes distintos e do "bom-gosto", de comida bem-feita. Paradoxalmente, elas estão dentro das casas, no ambiente doméstico. Com essa aceleração, a alma do alimento sofre, e é claro que, inconscientemente, acrescentamos mais este sofrimento ao nosso. Em vinte minutos um punhado de feijão está pronto, junta-se um tempero pré-fabricado, e aí está o almoço, o almoço nu! (William Bourroughs). Também os promotores de crescimento, outros aceleradores, fazem hoje o desenvolvimento dos frangos de granja alucinar. Daí por diante, essa doença da aceleração está por toda a parte.

Mas, com relação à comida, a constância de um calor não muito alto e o tempo não muito curto num fogo de verdade são importantes, pois resgatam sua alma que, assim, disponibiliza-se à nossa assimilação imaginal. Independentemente do método de cocção, o aquecimento moderado abranda, intensifica ou revela sabores, e sabores, como vi-

---

[76]. A panela de pressão foi inventada por um físico francês de nome Denis Papin, no século XVII.
[77]. POLLAN, M. *Cozinhar* – Uma história natural da alimentação. Rio de Janeiro: Intrínseca, 2014, p. 173 [trad. Claudio Figueiredo].

mos, são saberes. E o que assimilamos são saberes. Todo grande cozinheiro conhece isso – uma verdade da cozinha, e uma verdade da psique: "o que cozinha o ingrediente é a temperatura constante, não a quantidade de calor fornecido à panela"[78]. Nossas experiências com fogões a lenha são as que mais atestam essa verdade. Nossas experiências com fogões a lenha, seja como quem espera que a comida se apronte, seja como quem a está preparando, são antes de tudo experiências com o tempo. É aí que sentimos mais ainda o cozimento como "um grande devir material", na expressão de Bachelard[79]. Cru e cozido, pálido e dourado apresentam-nos esse tempo e esse devir.

Devemos lembrar que também a psicanálise é uma lição de paciência e, nesse nível, as correspondências entre alimentação e trabalho psicoterapêutico são tantas que é custoso elencar. Por outro lado, a cozinha, como a psicoterapia, é também uma lição de intimidade. Sem um erotismo que une e traz para perto, para o campo da intimidade – campo do conhecimento íntimo – não há cozinha, não há cozinha como um gesto de transformação. Também não há trabalho psicoterapêutico. A transferência é também sempre um gesto de transformação íntima, ou ao menos deseja alcançá-lo. O bom cozinheiro é íntimo de seus procedimentos e de seus

---

78. ATALA, A. *Por uma gastronomia brasileira*. São Paulo: BEI, 2005, p. 71.
79. BACHELARD, G. *A terra e os devaneios da vontade*. São Paulo: Martins Fontes, 1991, p. 69.

ingredientes. Arranja-os a seu modo, combinando materiais, técnicas, processos, utensílios e tempo como quem executa melodias e harmonias na música. Receita é partitura, não contrato. O bom cozinheiro pode dispensar a ciência e o rigor das receitas e das medidas porque as tem na mão – na palma da mão que conhece o punhado, a pitada, os "números" intuitivos da cozinha: consciência da mão.

O cozinheiro perfeito, aquele que prepara com amor reverencial, já é uma mistura de artista e filósofo, como sugere Norman Douglas. Essa reverência sempre esteve expressa.

"Na Grécia antiga, a palavra para 'cozinheiro', 'açougueiro' e 'sacerdote' era a mesma – *mageiros*, cuja raiz é igual à de 'magia'"[80]. Pois cozinhar é um caminho de conhecimento, conhecimento do que está oculto no gosto, conhecimento da alma do gosto. Cozinhando, ela chega até nós. O cozinheiro é um psicopompo[81].

Ao mesmo tempo em que vigora uma "ética do descarte", outra preocupação contemporânea, aquela com duração, conservação e perenidade, atinge também os alimentos e a alma do alimentar-se. Como já observou o analista jun-

---

80. POLLAN, M. *Cozinhar* – Uma história natural da alimentação. Rio de Janeiro: Intrínseca, 2014, p. 12 [trad. Claudio Figueiredo].
81. Psicopompo (*psychopompos*) é epíteto das divindades que guiam a alma nos processos de transição e iniciação. Jung usa a palavra para descrever a função psicológica que liga uma pessoa a seu sentido de destino. Simboliza o fator psíquico ou espiritual que serve de intermediário entre conteúdos inconscientes e a consciência. É também epíteto de Hermes na mitologia grega, divindade condutora das almas.

Speculum veritatis, século XVII. Biblioteca Apostólica Vaticana, Cod. lat. 7286.

guiano Robert Sardello, em seu *No mundo com alma*, neles, nos alimentos, essa preocupação não passa de uma excessiva quimicalização, que é efeito da industrialização da comida, e que nos lança na realidade dos conservantes e dos estabilizantes, dos quais quase toda nossa alimentação comum está saturada. Obedece à fantasia de um ego heroico que imagina e aspira estar sempre no controle, que quer, ele principalmente, durar, e cujo trabalho é fazer vida, em seu programa de crescimento, conquista, ampliação, preservação, acúmulo. Um ego que rapidamente se afasta da alma. Esse "ego forte" do racionalismo e da psicologia do comportamento, que paradoxalmente se mantém com *fast-food*, tem seu alimento inscrito no projeto da durabilidade – durabilidade que, no amplo espectro de suas fantasias, atinge hoje também, diga-se, a cosmética e a saúde – e desafia a morte, a putrefação e a decadência, afastando a alma assim de seus processos próprios e legítimos de transformação, de aprofundamento e de autoconhecimento, como nos ensina toda a psicologia alquímica.

Cozinhar é pura alquimia, como se repete. O que isso na verdade quer dizer, para além da analogia fácil? O principal eixo de sustentação da obra alquímica é a ideia de *transformação*. Toda culinária é transformação, e a conexão metafórica com a alquimia se dá nesse plano, naquilo que Mircea Eliade chamou de "alterar as modalidades da matéria"[82].

Por outro lado também o próprio "comer é um trabalho alquímico"[83]: trabalho do corpo de transformar em alma, em realidades sutis, as substâncias estranhas e grosseiras que o invadem no ato de alimentar-se. Nesse sentido, uma observação da analista junguiana Eve Jackson em seu *Alimento e transformação*, um dos raros trabalhos de psicologia que buscam abordar o tema do ponto de vista mais da imaginação – e não exclusivamente dos distúrbios psicossomáticos – atesta: "A psique tem seu próprio método de enxergar a influência que exerce sobre nós aquilo que comemos"[84].

---

82. ELIADE, M. *The forge and the crucible*. Chicago: The University of Chicago Press, 1978, p. 8.
83. SARDELO, R. *No mundo com alma* – Repensando a vida moderna. São Paulo: Ágora, 1997, p. 124.
84. JACKSON, E. Op. cit., 1999, p. 124.

Se assim for, então para além dessa disseminada *fast-food*, o que dizer do alimento que não é nutrição, a *junk food*, comida-lixo? Ou da comida-brincadeira, *fun food*, que são o tira-gosto, os *snacks*, ensacados e práticos, frituras e salgadinhos, lanches prontos, guloseimas, pipoca, biscoitos e doces com nomes sugestivos tais como "mentirinhas", "brevidades", "esperanças", "fatias do céu", "apressados", "beijinhos", "suspiros", "sequilhos", "sonhos", "melindres" – comida que sacia a fome que não conseguimos nem localizar, comida com um forte acento *trickster*?[85]

Do mesmo modo, resta saber o que dizer também da *finger food*, onde os dedos alcançam acepipes e delicadezas, quentinhas e saborosas, muitas vezes elaborados pratos miniaturizados, lilliputianos, dedos divertidamente saltando para cima de mesas elegantemente dispostas nas festas ou *vernissages* da gente urbana *cool*. Ou, na outra ponta, a onda contemporânea da comida lenta, de ingredientes e preparo artesanais, produzidos em escala pequena, a fantasia preservacionista da *slow food*, fantasia de autenticidade, que quer diminuir o ritmo e aumentar a sensação. Ou a comida que vem exclusivamente dos mares, das profundezas

---

[85]. O termo *trickster* significa "pregador de peças". Na mitologia, no folclore das nações e na história das religiões, um *trickster* é um deus, deusa, ou um espírito, homem, mulher, ou animal que é um trapaceiro típico. Prega peças, é brincalhão, e zomba das intenções e posturas sérias, graves ou ingênuas que lhe cruzam o caminho. Jung identifica nesta figura um arquétipo do inconsciente coletivo. Cf. JUNG, C.G. "On the Psychology of the Trickster-Figure", *CW* 9, I, p. 255-272.

insondáveis e misteriosas do mundo líquido dos peixes, das algas, dos crustáceos, dos mariscos, das ostras, das conchas, a gastronomia das águas, a chamada *sea food*. E também aquela comida que nos aconchega e nutre para além do nível físico, da necessidade biológica, comida que nos envolve em imagens, mantendo-nos alimentados em nossa dimensão memorialista e afetiva, chamada comida de alma, *soul food*, como os purês, as papas, os pirões, as polentas, os mingaus e as sopas, o *grits*, as compotas, as geleias, os cremes e os molhos[86]. Esta, tão parecida muitas vezes, em suas reverberações emocionais, com a velha comida caseira, ainda mais íntima, repleta de conforto psíquico, ligando-nos às nossas raízes, nossas tradições pessoais, familiares ou regionais, que nos vincula com o lar, aquela comida carregada de lembranças felizes, um breve regresso ao lar da infância – comida que, aliás, tem sido mais recentemente revisitada pela imaginação de alguns *chefs* e batizada de *comfort food* – que é nada mais que essa comida caseira acrescida de toques de sofisticação, num impulso revisionista.

Haveríamos ainda que mencionar nesse contexto a comida congelada, *frozen food*, comida paralisada, em suspenso, meio morta, esperando (com o aquecimento) pelo retorno à vida: parada como um modo de controle? Ou ainda a *fu-*

---

[86]. Há, no sul dos Estados Unidos, uma culinária tradicional que designa seus pratos de *soul food*, também conhecida como *cajun food*. Aqui, naturalmente, estou me referindo a outra coisa.

sion food, comida fundida, que mistura surpreendentemente as diversas identidades mundiais do gosto, comida "planetária", que sintetiza um anseio arquetípico de fusão nos moldes de um contemporâneo "sincretismo culinário". E a *authentic food*, comida autêntica, a nova direção fundamentalista da era orgânica, comida "de verdade" que vai além dos padrões estabelecidos pelas agências certificadoras de produção e cultivo orgânico de alimentos – padrões que, imagine, para eles já não se revertem mais em comida pura e saborosa.

E mencionar também aqueles que comem os alimentos crus, em escabeche ou marinados, portanto sem processamento por fogo, invertendo a ordem civilizatória do cozido para o cru: os crugíveros, *raw food*, a anticozinha.

Sem falar da omofagia (comer carne crua), da pantofagia (comer insetos, formigas, larvas de mosca, besouro, piolhos), da antropofagia (consumo de múmias como remédio, p. ex.[87]) e da coprofagia (a paixão pela merda do Marquês de Sade e seus libertinos). Ou das dietas naturalista, vegetariana, ovolactovegetariana, vegana[88], macrobiótica, orgânica, frugívera,

---

87. Cf. CARNEIRO, H. Op. cit., 2003, p. 121-122.

88. "Tanto a dieta vegetariana – que se abstém de carne, peixe e aves, mas que inclui leite, derivados do leite e ovos – quanto a dieta vegana – que se abstém de toda a comida animal, mas inclui uma mistura de cereais não refinados, legumes, nozes, vegetais e frutas ricas em vitamina B12 – *podem* satisfazer os requisitos nutricionais de todos os grupos etários" (BARKAS, J. *The vegetable passion*. Londres: Routledge & Kegan Paul, 1975, p. 166). O vegetarianismo é uma prática que sempre esteve presente na história da humanidade e que contou com adeptos tão ilustres quanto distintos como Leonardo da Vinci, Shelley, Mahatma Gandhi, Plutarco, Tolstoi, e Adolf Hitler! Barkas também comenta que "o an-

afrodisíaca[89], *khoser, diet, light,* minimalista, agricultura biodinâmica – dietas de arroz integral, carne de soja, gorduras poli-insaturadas, ovo caipira, hortaliças sem agrotóxicos, água de mina: a fantasia da pureza, da limpeza, da desintoxicação, da discriminação razoável das opções alimentares, quando então estamos nos devaneios apolíneos, selecionando com clareza, com razão e com distanciamento o que devemos ingerir.

E, ainda, as dietas "ricas" nisto ou "pobres" naquilo. Por um lado, aqueles que buscam alimentos que foram enriquecidos e/ou fortificados com ingredientes os mais diversos – processo aqui encarado como *beneficiamento* – numa fantasia "cientificizada" de fortalecimento heroico, fortalecimento para a luta diária da sobrevivência e do crescimento, certas vitaminas ou certos minerais garantindo vida e poder de autossuperação, numa retórica de enriquecimento, desenvolvimento,

---

tropomorfismo é um conceito significativo ao considerarmos o vegetarianismo do ponto de vista psicológico. [...] O vegetarianismo pode ser visto como uma extensão adulta do antropomorfismo" (BARKAS. Op. cit., 1975, p. 188). O vegetarianismo pode ainda ser subdividido em outras dietas tais como lactária, ovo-lactária, frugívera, herbívora, granívora. Distinções do vegetal. Em relação a outras dietas, aqui vemos mais intensamente a prática de uma alimentação baseada, geralmente, mais em convicções ideológicas e filosóficas do que de gosto. Assim, as fantasias vegetarianas apresentam amiúde um anseio mais notadamente espiritual, anseio que aspira por pureza, elevação e simplicidade de mente e corpo ligadas a uma disposição pacífica, não violenta. Peter Bishop comenta a respeito que paralelamente a esse movimento espiritual ascendente há também a fantasia arquetípica descendente da horta vegetal como "parte da recriação do paraíso" (BISHOP, P. "The Vegetable Soul". *Spring 1988*. Dallas: Spring, 1988, p. 82). Aparece também na concepção alquímica de um *hortus conclusus*.
89. Cf. ALLENDE, I. *Afrodite* – Contos, receitas e outros afrodisíacos. Rio de Janeiro: Bertrand Brasil, 2004.

opulência. E, por outro, aqueles que buscam, numa fantasia oposta, alimentos que tiveram certos componentes naturais extirpados ou anulados – processo encarado aqui como um *benefício* –, alimentos que "não contêm" isto ou aquilo, e que se apresentam, portanto, "livres" de, por exemplo, glúten, gorduras, açúcares, cafeína, lactose, sódio, chegando mesmo aos absurdos linguísticos do café descafeinado, do leite sem lactose, da cerveja sem álcool, tudo 0% de gordura, 0% de colesterol, 0% de açúcar, 0% de calorias, 0% de glúten, numa retórica da diminuição, do empobrecimento, da contenção: discriminação *contra naturam*. Ou ainda, nessa linha do põe e tira, os alimentos "funcionais", que prometem benefícios específicos à saúde (fibras, cálcio, ômega 3 etc.) com relação à prevenção e o combate a determinados males.

E ainda há a onda dos que comem brotos, alimentando-se preferencialmente da vida que nasce, numa fantasia das sementes que rompem sua dormência em direção à vida, consumidas num momento então de máxima impulsão e decolagem – broto de feijão, broto de alfafa, broto de rúcula, broto de bambu, *baby carrots*, *baby-beefs*, os vitelos, os galetos, os leitões – tudo aquilo que não chegou ainda a seu completo amadurecimento (como também os aspargos, as alcaparras, a couve-de-bruxelas), e que estão portanto comendo "criancinhas", por assim dizer, numa modalidade contemporânea surpreendente de "pedofilia": amantes do frescor, do novo, do broto, amantes do espírito *puer*, da criança do alimento, alimento como criança.

Sem falar, claro, em todo o universo das bebidas, alcoólicas e não alcoólicas, proibidas ou não proibidas, os chás, os sucos, os refrescos, os cafés, as infusões – toda a alma líquida. Os sôfregos por vinho, os bebedores de uísque ou cachaça, cerveja ou absinto, e dos coquetéis elaboradíssimos que carnavalizam e ornamentam a sede e o beber com decorações, cores, texturas e formas, alegorias.

E, para além disso, na verdade acompanhando isso tudo, podemos mencionar toda a fantasmagoria de uma "comida" feita de fumaça, comida do espírito, que também atinge prazerosamente a cavidade oral com sabores, odores, desenhos, cores, rituais, fantasias: o prazer oral de fumar charutos, cachimbos, cigarros ou cigarrilhas, num erotismo da fumaça, do tabaco – planta queimada[90]. E ainda, talvez no extremo dessa mesma direção aérea, não podemos esquecer aqueles que se alimentam... de luz! Algumas horas de sol por dia a provocar o desenvolvimento da glândula pineal, dizem, numa ingestão diária direta de "vida", sem intermediários, naturalmente com a consequente e lenta atrofia do sistema digestivo, inutilizado e tornado desimportante – digamos, uma sujeira a menos. Ou, ainda nesta linha e no limite de todas as dietas, de todas as fantasias, de todos os anseios, aqueles que praticam a não

---

90. Em *História da alimentação no Brasil*, Câmara Cascudo considera o tabaco (dentre as heranças do complexo culinário indígena no Brasil) um "quase alimento": "Um quase alimento, o fumo, tabaco, de fumar, aspirar o rapé, mascar a folha. O charuto cismador, o cachimbo conciliar e filosófico" (CÂMARA CASCUDO. Op. cit., 2004, p. 156).

fantasia fantasiosíssima do jejum: não comer, não se alimentar de nada, às vezes por períodos realmente longos, a negação ou o domínio total do instinto e do animal em nome da pureza, da limpeza, da sublimação total dos apetites.

Joannes Isaacus. Hollandus. *Die Hand der Philosophen*, 1667.

Por fim, é preciso mencionar também, *last but not least*, aquela dieta, popular e histórica, dieta de pura e desbragada fantasia: o sexo oral – as gratificações eroticamente nutritivas que têm aqueles que adoram praticar o sexo com a boca, quando língua e lábios sentem profundamente a carne da flor humana. "A boca, os lábios – eis o terreno da primeira felicidade positiva e precisa, o terreno da sensualidade permitida", confirma Bachelard[91].

Não há dúvida, estamos na rota do princípio do prazer. Mas não há dúvida também que, paradoxalmente, as dietas, todas as dietas, como apontaram Hillman e Boer em seu livro sobre cozinha, "não passam de meras inibições"[92]. Aqui, devo concordar mais uma vez com Michel Onfray quando diz que "o problema dietético é apolíneo: é a arte do escultor de si mesmo, da força plástica e do poder comedido"[93]. Inibições, restrições, construções.

Porém, ainda mais contundente, para nós no Brasil pelo menos, é saber, dentre os hábitos alimentares de nossos primeiros habitantes, das práticas de canibalismo. Freud o relaciona entre as três principais interdições culturais – incesto, assassinato e canibalismo. Como a mais fantástica de todas as dietas, a refeição canibal, o desejo ou mesmo a volúpia de

---

91. BACHELARD, G. *A água e os sonhos*. São Paulo: Martins Fontes, 1998, p. 122.
92. HILLMAN, J. & BOER, C. *O livro de cozinha do Dr. Freud*. São Paulo: Paz e Terra, 1986, p. 16.
93. ONFRAY, M. *O ventre dos filósofos*. Rio de Janeiro: Rocco, 1990, p. 88.

comer carne humana inscreve-se num contexto muito particular entre nós brasileiros. Os inúmeros relatos de viajantes estrangeiros, Hans Staden por exemplo, logo no início da colonização, descrevem-no de modo muito interessante. Apesar do horror, sabemos que eram práticas investidas de caráter religioso e ritualístico e que, fora da moral cristã branca trazida pelos colonizadores portugueses e pelos jesuítas da catequese, o canibalismo era apenas muito natural. O canibalismo como ritual é um fenômeno que tem como objetivo incorporar atributos dos mortos, como força, coragem, integridade, e só deixou de ser praticado no século XX[94]. Sabemos também que, antes de um ritual canibal, por exemplo entre os Tupinambás, os índios costumavam embebedar-se por dias de cauim – polpa da mandioca mastigada pelas cunhãs[95] – sem ingerir nenhum alimento. Isto,

---

94. No capítulo psicológico das perversões, entende-se que a prática de canibalismo abriga fantasias sexuais sádicas. Casos atuais são mais frequentes do que se imagina, e constroem histórias criminosas que ficam imediatamente famosas, como a do japonês estudante de literatura Issei Sagawa, que comeu sua professora de alemão em 1981. Ou a do técnico de informática alemão Armin Weives que, em 2001, colocou um anúncio na internet procurando alguém que quisesse ser morto e devorado. Bernd Juergen Brandes respondeu interessado no anúncio e foi, dali a alguns dias, assassinado, esquartejado e comido paulatinamente por Weives.

95. *Cauim* é "bebida fermentada produzida a partir da mistura de caldo extraído da mandioca e saliva de jovens índias", como explica RAMINELLI, R. "Da etiqueta canibal: beber antes de comer". In: VENÂNCIO, R.P. & CARNEIRO, H. (orgs.). *Álcool e drogas no Brasil*. São Paulo: Alameda, 2005, p. 35. "Consumia-se o líquido em vários momentos da vida social e religiosa tupinambá. [...] Para além dos ritos de passagem, eles consumiam *cauim* em cerimônias mágicas realizadas nos momentos anterior e posterior à guerra. O estado de embriaguez

enquanto dançavam, preparando-se para a cerimônia, de resto muito simples. Essa bebedeira também tinha um sentido religioso, é sabido, "pois os nativos consumiam caium nos ritos de passagem, [e] em momentos decisivos para a comunidade, como nas guerras e nos festins canibais"[96]. Servia para os índios relembrarem atos de bravura, exaltando sentimentos de vingança contra inimigos. O antropólogo Ronald Raminelli reconhece mesmo toda uma "etiqueta canibal": beber e dançar antes de comer.

O "abate", contudo, tem descrição sumária de Jean de Léry:

> O selvagem encarregado da execução levanta então o tacape com ambas as mãos e desfecha tal pancada na cabeça do pobre prisioneiro que ele cai redondamente morto sem sequer mover braço ou perna. E dir-se-ia um magarefe abatendo um boi. Em verdade, muitas vítimas estrebucham no chão, mas isso por causa do sangue e dos nervos que se contraem. O executor costuma bater com tanta destreza na testa ou na nuca que não se faz necessário repetir o golpe e nem a vítima perde muito sangue (Jean de Léry, *Viagem à Terra do Brasil*, 1578).

E o preparo, descreve-o Fernão Cardim com algum detalhe chocante:

> Morto o triste, levam-no a uma fogueira que para isso está prestes, e chegando a ela, tocando

---

marcava igualmente as cerimônias canibalescas, o trabalho coletivo da tribo na roça e as assembleias" (Ibid., p. 35).

96. RAMINELLI, R. Op. cit., p. 36.

> a mão dá uma pelinha pouco mais grossa que véu de cebola, até que tudo fica mais limpo e alvo que um leitão pelado, então se entrega ao carniceiro ou magarefe, o qual lhe faz um buraco abaixo do estômago, segundo seu estilo, por onde os meninos primeiro metem a mão, e tiram pelas tripas, até que o magarefe corta por onde quer, e o que lhe fica na mão é o quinhão de cada um, e o mais se reparte pela comunidade, salvo algumas partes principais que, por grande honra, se dão aos hóspedes mais honrados, as quais eles levam muito assadas, de maneira que não se corrompam e sobre elas depois em suas terras fazem festas e vinhos de novo (Cardim, F. *Tratados da terra e gente do Brasil*, 1580).

Continua de Léry:
> Para satisfazer seu sentimento de ódio, devoram tudo do prisioneiro, desde os dedos dos pés até o nariz e cabeça, com exceção, porém, dos miolos, em que não tocam. [...] Guardam muito cuidadosamente os ossos das coxas e dos braços para fazer flautas e pífanos, e os dentes para seus colares (LÉRY, J. *Viagem à terra do Brasil*, 1578).

No Manifesto Antropofágico modernista, lembremos, Oswald de Andrade disse que "só a Antropofagia nos une. Socialmente. Economicamente. Filosoficamente". Aí está, como viram alguns, a grande metáfora brasileira, a prova dos 9, aquela que mais nos definiria o caráter e a vocação, "contra a realidade social, vestida e opressora, cadastrada por

Freud", preconizava Oswald[97]. Aqui, no canibalismo ou na antropofagia, o que se dá, como bem se sabe, é um desejo profundo de absorção da bravura do inimigo, a assimilação de elementos de força e inteligência por via oral, por via culinária. Faz parte de um motivo arquetípico bem mais amplo e de uma fantasia mítica muito elementar, presentes, na verdade, em todo ato alimentar. Pois comer, como vimos, é de fato sempre *assimilação*, transferência de valores. Comer é sempre absorver.

A imaginação da antropofagia também nos apresenta à fantasia da devoração do igual, devoração do semelhante. Desde amebas e invertebrados, até insetos, répteis, pássaros e mamíferos, encontramos em toda a escala animal o comportamento de comer o semelhante.

*

Se, em frase célebre, a realidade foi denunciada como fantasia por Jung[98], quantas e quão diferentes fantasias ligam-se a cada uma dessas dietas reais que mencionamos acima, dessas necessidades reais, dessas mentalidades, fazendo-as existir! Há pouco, ao enumerá-las, procurava destrin-

---

97. Cf. as observações de James Hillman sobre a supremacia branca em "Notes on White Supremacy". *Spring 1986*. Dallas: Spring.
98. "A psique cria realidade todos os dias. A única expressão que posso usar para esta atividade é *fantasia*" (*CW* 6, § 78).

chá-las. No plano imaginal, essas fantasias mostram exatamente *de que* estamos nos alimentando. Mas mostram ainda mais: que, do ponto de vista da alma, *precisamos* nos alimentar. "A psique precisa ser alimentada", disse James Hillman:

> Essa ideia aparece não apenas na prática tão generalizada de deixar comida, e os utensílios para seu preparo, com os mortos na tumba; aparece também, por exemplo, na cerimônia anual na Grécia (*Anthesteria*) de alimentar as almas (*keres*) que retornaram do mundo das trevas para seus antigos domicílios[99].

Você tem sede de quê, você tem fome de quê? Fome, sede: lembrando o célebre aforismo de Brillat-Savarin, "dize-me o que comes, e te direi quem és". Conhece-te a ti mesmo... pela boca! Emoções, ideias, complexos, arquétipos, deuses, imaginação e loucura mesclam-se e se re-arranjam em cada um e todos esses modos alimentares, essas escolhas e sonhos, levando-nos quase que invariavelmente de volta sempre, na sua base, às tensões entre a pureza e a impureza, o vital e o mortal, racionais e irracionais, apolíneos e dionisíacos.

Então o que comemos são imagens, são fantasias, sempre. "O corpo depende da alma para alimentar-se. A vida

---

99. HILLMAN, J. *O sonho e o mundo das trevas*. Petrópolis: Vozes, 2013, p. 245 [trad. Gustavo Barcellos].

do corpo precisa da coisa-alma das imagens"[100]. Posso concluir que a alma não é um epifenômeno da dieta (como para Brillat-Savarin), mas que, ao contrário, a dieta é *alma materializada*, imagem que se come. Comer é alimentar a alma. É a alma quem, de fato, come.

Goosen van Vreeswijk. *De Goude Son,* 1675.

---

100. Ibid., p. 246. "Penetrar na imagem da comida específica é extraordinariamente difícil, pois ela é concreta. Ainda assim, aquilo que comemos nos sonhos não é comida, mas imagens" (ibid.).

6

COMIDA DOS DEUSES, DEUSES COMO COMIDA

> *O conhecimento entende que a base da cultura, isto é, o ritual religioso e o pensamento mitológico, são produtos da procura do alimento.*
>
> Rafael López-Pedraza
> *Hermes e seus filhos*, 1989.

Também os deuses comem. Na cultura afro-brasileira, por exemplo, e mais expressivamente no Candomblé, comida de Santo, oferecida aos Orixás, seus ebós: amalá de quiabo e rabada, xinxim de galinha, farofa de dendê, caruru, acaçá, pipoca, abarás, doces, frutas e, claro, o acarajé – acarajé que foi tombado em 2004 pelo Instituto do Patrimônio Histórico e Artístico nacional como patrimônio imaterial. Oferecer comida e presentes às divindades também é arquetípico, imemorial; gestos que pertencem à alma, de que a alma precisa para alcançar o espírito. Comidas para agradar Exu, Ogum, Oxóssi, comida dos caboclos, dos espíritos ciganos, pretos-velhos, eguns. Oferendas, diz-se – os homens oferecem comida aos deuses. Também foi assim com Apolo, Dioniso, Zeus, Deméter, os Dióscuros[101].

A cozinha dos deuses, porém, é diferente do sacrifício. O sacrifício faz parte de uma complexa economia de interesses, pois "muitas culturas acreditavam que os deuses haviam criado a humanidade para lhes fornecer alimento espiritual na forma de sacrifícios e preces; em troca, os deuses forneciam alimento físico aos homens fazendo as plantas e os animais crescerem"[102]. Roger Bastide faz para nós aqui uma distinção fundamental:

> O sacrifício é alimento, mas o deus se nutre apenas do sangue derramado, das emanações do animal se se trata de um bicho, e das plantas cozidas se se trata de vegetais. A cozinha pressupõe o cozimento das iguarias, o cuidado de dar ao prato um sabor delicioso, um aroma apetitoso[103].

A cozinha dos deuses distingue-se, pois, da alimentação do sacrifício, e nos convida a uma realidade que é, ela sim, mais da alma que do espírito. Ela é preparo elaborado, cor, sabor, receita. É comida feita para agradar ao gosto e ao humor. É comida-metáfora.

---

101. Como exemplo, refere Câmara Cascudo que "na Grécia oferecia-se anualmente um banquete aos Dióscuros, Cástor e Pólux, que constava de queijo, bolo de trigo ou cevada, azeitonas amadurecidas na própria árvore, e peras, recordação da antiga maneira de alimentar-se na fase mítica" (CÂMARA CASCUDO. Op. cit., 2004, p. 19).
102. STANDAGE, T. Op. cit., 2010, p. 66.
103. BASTIDE, R. *O candomblé da Bahia*. São Paulo: Companhia das Letras, 2001, p. 331.

Porém, os mais famosos deuses da psicologia, os da alta cultura clássica grega, comem também *sua* própria comida: ambrosia. Mas o que é mesmo ambrosia? Há a ambrosia e há o néctar: em âmbito divino, ambrosia é comida, néctar é bebida. Os deuses comem e bebem. Onians[104] recolhe amplas evidências de que ambrosia seria um óleo, gordura, graxa animal liquefeita, ou ainda o equivalente divino de um óleo vegetal, provavelmente de oliva. Um unguento, coisa para ungir, que servia para comer, apesar de ser *vertido* como um líquido; e também para bezuntar-se, assim bezuntando-se os deuses a si mesmos de imortalidade; um bálsamo de vida, perfumoso e agradável. Jean-Pierre Vernant a chama "licor de imortalidade". De um ponto de vista arquetípico, lembramos a recorrência desse motivo no "Cristo, *Messias*, aquele que é untado e que é feito de óleo, [e que] caminha sobre as águas". Como também na alquimia a pedra, *lapis philosophorum*, é imaginada como "uma pedra tenra, oleosa, facilmente dissolvente", uma pedra oleosa que "é mais leve que a água, nela podendo flutuar", "óleo que caminha sobre a água, a pedra que flutua"[105].

No entanto, a se considerar os sacrifícios, ou seja, a comida que aos homens é dado oferecer aos deuses, "os deuses gregos são carnívoros"[106]. "Ser um Deus é realmente

---

104. ONIANS, R.B. Op. cit., 2000, p. 292-299.
105. HILLMAN, J. "A pedra – Imagens alquímicas da meta". *Psicologia alquímica*. Petrópolis: Vozes, 2011, p. 383-384 [trad. Gustavo Barcellos].
106. SISSA, G. & DETIENNE, M. *Os deuses gregos*. São Paulo: Companhia das Letras, 1990, p. 92.

pertencer a uma sociedade onde se come – ou, antes, não se come – de certa maneira"[107], o que implica as semelhanças e diferenças entre os corpos dos homens e dos deuses. Podemos falar então perfeitamente numa "anatomofisiologia divina". A grande diferença será a ausência de sangue. E entende-se o fato de os deuses não terem sangue (sangue, prerrogativa exclusiva dos homens), mas, ao invés, um outro humor, em função de sua alimentação sem cereais e sem vinho[108].

Com relação então à conduta alimentar olímpica, não há dúvida de que os deuses gregos se alimentam de ambrosia e néctar. "Não rejeitam, porém, a carne animal, contanto que lhes seja servida sob a forma de *odor*"[109]. Encontram prazer no cheiro das carnes, os vapores carnais, alimento etéreo, as emanações apetitosas e perfumadas que sobem do assar de carnes, gordura e sangue de animais (bois, carneiros, ovelhas, cabras, galos). O sacrifício é, no entanto, sempre compreendido como a tentativa de re-instaurar a comensalidade perdida entre homens e deuses, entre mortais e imortais, pois uma parte é sempre comida pelos homens.

---

107. Ibid., p. 44.
108. "Fora o sangue, há perfeita correspondência entre o corpo de mortais e o de imortais. Os membros são os membros; os tecidos, idênticos; as partes internas não apresentam nenhuma particularidade" (ibid., p. 46).
109. Ibid., p. 92.

É uma tentativa de estar em comunicação com os deuses, de partilha: momento de contato[110].

Os deuses gregos encontram prazer também nas libações, o ato de derramar vinho na terra para os deuses em geral, hábito que permanece em muito folclore de hoje.

Mas observamos também o contrário: os deuses como comida, o que aparece em diversas religiões, e que tem seu pináculo no Ocidente no monoteísmo cristão, onde Cristo, o cordeiro, é definitivamente o mais importante "alimento" da humanidade. A ceia é o símbolo máximo da filosofia cristã, símbolo de fraternidade, e está no centro do ritual. "Porque a minha carne verdadeiramente é comida e o meu sangue verdadeiramente é bebida" (Jo 6,55-56); "Tomai, comei; isto é o meu corpo" (Mt 26,26). Na liturgia cristã, a Eucaristia ("graça divina") é a comunhão com a divindade num banquete sacrificial, rito sacramental da consumação de pão e vinho, comemoração continuada da última ceia que Cristo celebrou com seus discípulos, a "ceia do Senhor"[111]. Também no Candomblé, o banquete e o alimentar de deuses e

---

110. "Quando o deus intervinha no sacrifício, supunha-se que ele comia real e substancialmente a carne sacrificada, 'seu alimento'. Os poemas homéricos nos mostram os deuses participando dos banquetes sacrificiais" (MAUSS, M. & HUBERT, H. *Sobre o sacrifício* [*Essai sur la nature et la fonction du sacrifice* (1899)]. São Paulo: Cosac Naify, 2005, p. 43 [trad. Paulo Neves].

111. "O modo pelo qual o pão e o vinho constituem o corpo é um mistério da fé, termo consagrado pela própria Igreja" (McKENZIE, J.L. *Dicionário Bíblico*. São Paulo: Paulus, 1983, verbete "Eucaristia").

de homens estão nitidamente presentes – e todos comem. "Comemos com os deuses e os comemos"[112].

*

Em terreno mitológico, as evocações são diversas. Na tradição grega, Tântalo, rei da Lídia, roubou néctar e ambrosia do Olimpo, num anseio de participação na comensalidade com os deuses, traindo então a simpatia que estes tinham por ele, provocando a famosa punição de estar mergulhado, sedento, na água límpida de um lago e não poder bebê-la, e de ver os frutos das árvores próximas a ele escapar de suas mãos sem poder, faminto, comê-los. Noutra versão, Tântalo ainda se encontra envolvido com o tema da comida: filho de Tiestes, foi morto por Atreu e servido como refeição ao pai.

Ganimedes, adolescente belíssimo, foi raptado por Zeus para servir néctar e ambrosia aos deuses do Olimpo, substituindo Hebe em sua antiga função de copeira, depois que esta se casou com Héracles. Dioniso menino é desmembrado e cozido num caldeirão. Os cultos a Deméter (Ceres) e Dioniso, e suas cosmologias, permitem uma entrada nos mistérios e na psique dos cereais e do vinho. Héstia, deusa do lar e da lareira, tem na Grécia antiga, segundo Jean-Pierre

---

112. MAGALHÃES, A.C.M. "Comida, festa e religião no Brasil". In: MIRANDA, D.S. & CORNELLI, G. (org.). *Cultura e alimentação* – Saberes alimentares e sabores culturais. São Paulo: Sesc, 2007, p. 66.

Vernant, "a prerrogativa de presidir à refeição", que deve abrir e terminar com uma invocação à deusa, numa alusão aos alimentos cozidos na "lareira" doméstica[113]. E, claro, devemos ainda mencionar Perséfone, que permanece no Hades por aceitar comer as célebres sementes de romã[114].

Além disso, os deuses olímpicos viviam uma *dolce vita* pontuada por festins e comilança constante, "permanentemente na *thaleia*, no banquete alegre, convivial e 'simpósico', que se encontra, entre os homens, sob a égide de uma Musa, Talia, civilizadora do desejo inumano e bestial de bebida e comilança"[115]. Lembremos, essa mesma musa, Talia, "a festiva", foi a descortinadora para os homens das artes da comédia.

Nesses poucos exemplos, e em tantos outros da mitologia e da história das religiões e do folclore, o tema da comida envolve e representa uma atitude de intimidade, de solidariedade, um anseio de identidade que pode estabelecer um compromisso, verdadeiramente uma comunhão. É isso, sempre, o que está presente nessas imagens.

---

113. VERNANT, J.-P. *Mito e pensamento entre os gregos* – Estudos de psicologia histórica. Rio de Janeiro: Paz e Terra, 2002, p. 210.

114. "Perséfone ficou no Hades por ter comido sete bagos de romã. O alimento é um fixador psicológico no plano emocional. Comer certos pratos é ligar-se ao local do produto" (CÂMARA CASCUDO. Op. cit., 2004, p. 41).

115. SISSA, G. & DETIENNE, M. Op. cit., 1990, p. 102.

7

TÉCNICAS, UTENSÍLIOS, PROCESSOS

> *Os valores oníricos dos alimentos ativam-se ao se acompanhar a preparação.*
> Gaston Bachelard
> *A terra e os devaneios da vontade*, 1948.

Devemos agora algumas palavras às técnicas de cozinha, os procedimentos e métodos com os quais *fazemos cozinha*, ou seja, os modos de preparo e cozimento, que também revelam fantasias em movimento, ou o movimento das fantasias, fantasias que cozinham – desde as mais ancestrais, pré-históricas, às mais modernas, tecnológicas.

Técnicas são processos. Assar, cozer, guisar, fritar, flambar, aquecer, escaldar, gratinar, esbrasear, defumar, emulsificar, ensopar, grelhar, marinar, macerar, fundir, fritar, coar, caramelizar, dessalgar, escorrer, dourar, empanar, congelar, descongelar, *faisandé* espelham caminhos da psique, caminhos dos sonhos mais íntimos, e são, no sentido alquímico mais rigoroso, *operações*: modos de fazer alma (*soul making*), modos de transformação. Com elas, com essas técnicas que também muitas vezes são estágios de um mesmo enredo, processamos o que nos chega sempre tão cru ou inacabado. Com elas, transformamos a natureza da vida diária em alma, o que faz da cozinha uma intensificação da fantasia: alma cozida e servida, alma preparada, alma cultivada.

Em sua metáfora, o cozinhar, a cocção propriamente dita, envolve sempre uma forma predominante de *transferência de calor*. Transferência de calor é transferência de valor, daquilo que nos é caro. É isso o que importa, e calor é sempre indicativo de desejo, de afeto profundo.

Entre as formas de cocção estão, em primeiro lugar, o grelhado, forma moderna do assado direto sobre chama aberta ou brasa, e o gratinado. Num, calor de baixo; noutro, calor de cima. Há também o assado no forno, que utiliza o ar quente[116]. E a cocção por imersão (a fervura e suas modalidades), que utiliza água quente. Aqui há uma conversa entre os elementos: fogo com ar, com água, e também com terra – se pensarmos na cerâmica (*terracota*) como elemento também de transmissão de calor ao alimento. A fritura, por outro lado, é puro fogo, e é uma metáfora muito difundida e poderosa.

Entre as técnicas está o curioso banho-maria (*bain-marie*) que, apesar de conhecido e praticado até hoje por qualquer cozinheiro ou dona de casa que se prezem, foi inventado pela célebre alquimista greco-egípcia do século III, Maria

---

116. "Os primeiros fornos parecem ter surgido quando as técnicas de panificação foram aperfeiçoadas, por volta de 3.000 a.C., no Egito" (McGEE, H. *Comida e cozinha* – Ciência e cultura da culinária. São Paulo: WMF Martins Fontes, 2011, p. 874 [trad. Marcelo Brandão Cipolla].

a Judia, ou Maria Prophetissa, também conhecida por um famoso axioma alquímico[117], presente em vários tratados e receitas. O banho-maria é uma metáfora para o processo psicológico de dissolução de resistências a mudanças e transformações em nossas atitudes e hábitos pela ação de um calor suave e lento, o que se refere a um afeto seguro, constante e atento agindo indiretamente sobre eles. "Tudo cede à água quente. Abrandamo-nos conosco mesmos"[118], disse Hillman sobre o banho-maria.

Na história da humanidade, o salto marcante do assar para o cozer é também um salto psicológico. Vejamos. Os historiadores e os arqueólogos são unânimes ao afirmar que nós, como espécie, certamente começamos como frugíveros. Depois, viramos vegetarianos, comendo também raízes. Depois ainda, a carne crua – humana inclusive (o Neanderthal, p. ex.). Logo teríamos passado, com a descoberta do fogo, a *assar* a carne da caça abatida diariamente[119]. É, no entanto, somente com o advento da cerâmica, há cerca de dez mil anos, possibilitando a confecção de potes e panelas, que

---

117. A fórmula alquímica conhecida como o "axioma de Maria" diz o seguinte: "O um torna-se dois, dois torna-se três, e do terceiro vem o um como o quatro". Com essa fórmula se faz alquimia. O axioma serviu para Jung como uma poderosa metáfora para o *processo de individuação*. Cf. JUNG, C.G. "Psicologia e alquimia". *CW* 12, § 26, 209.

118. HILLMAN, J. *Psicologia alquímica*. Petrópolis: Vozes, 2011, p. 66 [trad. Gustavo Barcellos].

119. "Na mais recuada noite pré-histórica, há vestígios de fogo utilizado para assar caça" (CÂMARA CASCUDO. Op. cit., 2004, p. 19).

Michael Maier. *Symbola aureae mensae*, 1617 (Maria a Judia).

pudemos passar a *cozinhar* os alimentos, agora ensopados, já sem o contato direto com o fogo. Trata-se de uma sublimação mais profunda, onde a morte do animal fica mais distante. É a cerâmica, que traz um fogo interno, que marca esse salto psicológico como um sonho de interioridade transformadora. A respeito, Câmara Cascudo comenta que

> a cerâmica trouxera a cocção, a ciência dos molhos, dos caldos, das sopas, papas e mingaus e também das bebidas aquecidas. Com a carne cozida e os alimentos líquidos ampliou-se a atividade frontal no homem[120].

---

120. Ibid., p. 45.

Também a respeito de cozinhar algo num recipiente em meio líquido, Michael Pollan faz a seguinte observação em seu livro *Cozinhar*:

> Ao assarmos numa panela ou recorrermos à fervura, já que nesse processo a carne é completamente cozida, alcançamos uma transcendência mais completa do animal, e talvez do animal que existe em nós, enquanto que o ato de grelhar algo no fogo deixa seu objeto parcial ou inteiramente intacto, revelando às vezes um rastro de sangue – um lembrete visível, em outras palavras, de que estamos nos banqueteando com algo que já foi uma criatura viva[121].

Assar carnes de animais diretamente no fogo é um ato histórico e simbolicamente masculino, feito ao ar livre, conduzido por homens, normalmente em público, com convidados externos, e tem um acento mais espiritual, que percebemos nas fumaças e odores que sobem verticalmente, aos céus, de carnes dispostas numa grelha, seja na noite escura e ancestral da História, seja no quintal prosaico do churrasco de final de semana. Cozer alimentos em meio líquido, dentro de panelas que estão dentro de cozinhas, que estão dentro de casas, é um gesto feminino, define um ambiente a que podemos então chamar de lar, é feito geralmente por mulheres num espaço doméstico, longe dos olhos públicos,

---

121. POLLAN, M. *Cozinhar* – Uma história natural da alimentação. Rio de Janeiro: Intrínseca, 2014, p. 57 [trad. Claudio Figueiredo].

onde normalmente não se vê aquilo que, por horas, cozinha tampado e protegido em fogo brando, e é um claro sinal de presença anímica a nos remeter aos caldeirões, tachos, caçarolas e vasos, de feiticeiras, bruxas, alquimistas e cozinheiras.

De fato, um grande salto anímico anuncia essa evolução em nossa cozinha ancestral. A ancestralidade está na mistura em meio líquido que o cozido (*pot-au-feu*) permite, e ainda se faz presente hoje, como lembra Alex Atala, no *cassoulet*, na *paella*, no *ratatouille*, na *olla podrida* (*puchero*) e, claro, na feijoada brasileira completa[122]. É também, ao mesmo tempo, a possibilidade do caldo (de *caldu*, quente), o *bouillon*, o *broth*. O elemento água traz para perto toda a sua psicologia da dissolução.

Verificam-se ainda outros saltos, de nítida importância histórica e antropológica, que reverberam transformações na alma coletiva profunda. Ao falar num "processo civilizatório" (Norbert Elias), alguns historiadores apontam o impacto do aparecimento e da adoção gradativos de novos costumes com relação à alimentação, tais como a introdução do uso de mesa e cadeiras (levantando o ato de alimentar-se do chão – hábito no Oriente e no mundo árabe[123]), do

---

122. ATALA, A. Op. cit., p. 63.

123. Os gregos, a propósito, habituaram-se a esse "luxo incômodo" de fazerem suas refeições e banquetes "estendidos em magníficos divãs" (DUMAS, A. *Memórias gastronômicas de todos os tempos* [seguido de "Pequena história da culinária"]. Rio de Janeiro: Zahar, 2005, p. 109). Os romanos copiaram dos atenienses esse hábito de comer reclinados, o chamado *lectisternium*.

guardanapo, das toalhas de mesa, do prato raso individual como base para a comida e, finalmente, do garfo. Tudo isso concorre para as "maneiras à mesa". Os modos da mesa contam uma história. Apontam para mudanças psicológicas em relação à comida e ao rito de alimentar-se. E em relação ao mundo ao redor.

O garfo, em particular, traz um interesse psicológico maior. Ele foi o último utensílio a chegar na mesa, por volta do século XVI na França, com uso generalizado somente após 1750, e é o mais sofisticado. O uso do garfo conseguiu se impor de fato muito tardia e lentamente, como comenta Rudolf Trefzer, que afirma que "ainda não se pode esclarecer por completo onde e quando o garfo começou a ser utilizado como talher"[124]. O que indica essa chegada, e essa demora? A faca, ao contrário, é mais ancestral, existindo desde o Paleolítico, acompanha-nos há muito tempo, e traz a psique da agressividade e da penetração, a psique do corte, da discriminação e da conquista, mas de um modo anímico ainda diferente do punhal, da adaga ou mesmo da espada, que carregam outros deuses e heróis, outros panos de fundo arquetípicos. A faca é sacrificial, o instrumento da morte-oferenda. As adagas e as espadas são guerreiras, refletem Ares e seu amor pelas batalhas. A faca é de Apolo,

---

124. TREFZER. Op. cit., p. 60, nota 4.

o purificador, é seu instrumento[125]. E, de acordo com as culturas, há maneiras diferentes de se entender e mesmo de utilizar as facas, uma faca para cada tarefa específica.

A colher, por sua vez, traz acolhimento e maternalidade; traz a psique do punhado, também muito ancestral, e já era conhecida pelos antigos egípcios. "Na Idade Média existiam colheres de madeira e também de ouro e prata", conta Josep Redón[126]. De sopa, de sobremesa, de chá, de café: ela é uma medida. Traz intimidade, e é o prenúncio do vaso. Nela estão todos os nossos sonhos do côncavo. É tratada como fundamental quase sempre e, quase sempre, também não podemos imaginar a cozinha, ou mesmo pensar na comida, sem sua presença – sem a presença firme e certa de uma colher de pau. Ela é típica no sentimento misterioso da mistura e da transformação. Tudo o que se mistura dentro de nós reconhece a presença de uma colher[127].

---

125. "[...] é estranho descobrir no centro do templo em Delfos um deus, o próprio purificador, celebrando a faca [...]. Sem dúvida, em nenhum outro templo a arma sacrificial é tão obviamente celebrada" (DETIENNE, M. "Culinary Practices and the Spirit of Sacrifice". In: DETIENNE, M. & VERNANT, J.-P. *The Cuisine of Sacrifice among the Greeks*. Chicago: The University of Chicago Press, 1989, p. 12 [trad. Paula Wissing]. Macaireu (*Makhaireus*), Faca, foi um sacerdote do templo de Apolo, em Delfos.

126. REDÓN, J.M. *A cozinha do pensamento* – Um convite para compartilhar uma boa mesa com filósofos. São Paulo: Senac, 2008, p. 69 [trad. Sandra Trabuco Valenzuela].

127. "Na hierarquia do talher, o garfo possui a prestigiosa popularidade da colher. A faca é uma presença agressiva. A colher, para o povo, é a mão com os dedos unidos, assegurando a concavidade receptora e natural" (CÂMARA CASCUDO. Op. cit., 2004, p. 35).

A alma do garfo, a psique que ele carrega, contudo, é mais curiosa: ele surgiu "para fixar e não para levar comida à boca"[128]. Sua demora em aparecer, muito depois dos *hashis* orientais por exemplo, pode indicar uma resistência na alma a esse processo histórico de se separar fisicamente cada vez mais dos alimentos (anteriormente comidos saborosamente com as mãos), e de abordá-los de modo mais refinado, ou seja, de eliminar o tato como partícipe do gosto – aliás, para muitas culturas, e para muita gente ainda hoje, "comida amassada e comida *com a mão* é de gosto incomparavelmente superior", atesta Câmara Cascudo[129]. O gosto, diga-se de passagem, sempre começou no tato: apreciar temperaturas, distinguir consistências, porcionar, dimensionar, moldar, sentir. Pontiagudo e penetrante a seu modo, o garfo traz a psique do distanciamento e da separação. É elegante, ainda que menos sedutor que as facas e seu repertório vasto e celebrado, seu brilho afiado. O garfo agarra, como quando queremos apanhar sonhos dentro de nós. Carrega consigo um processo histórico de racionalização. A faca é a paixão. O garfo é a intelectualidade.

---

128. Ibid., p. 35.
129. Ibid.

8

TEMPEROS E TEMPERAMENTOS

> *Mal se retira um véu estende-se outro sobre os mistérios da substância.*
>
> Gaston Bachelard
> *A terra e os devaneios do repouso*, 1948.

Uma âncora importante da reflexão da psicologia arquetípica, e da contribuição que ela acrescenta à psicologia junguiana, que se põe em destaque nesse nosso contexto de gosto e alimentação, é certamente a perspectiva que visa a reavaliar e recuperar a Renascença como um período histórico e psicológico da maior importância. A recuperação da Renascença aqui se encontra investida do resgate, para nossos dias, de um, digamos, *sentido de alma*. Naquele momento, entende-se, encontramos alterações muito profundas e significativas na face e na alma do mundo (*anima mundi*). A psicologia arquetípica lembra essas transformações de maneira muito particular, apontando sua ocorrência em diversos campos (na música, na pintura, na literatura, no humanismo), para chegar, finalmente, ao campo da experiência psicológica propriamente dita. O livro de James Hillman, *Re-vendo a psicologia*, de 1975, é a referência mais importante para essa reflexão[130].

Mas há um aspecto na Renascença que, apesar de não mencionado nas reflexões da psicologia arquetípica, só faz acrescentar mais sabor e vigor ao seu argumento. Falo das especiarias[131].

Abre-se todo um capítulo na reflexão que busca unir temperos e temperamentos. Antes de os temperos e as especiarias exóticas entrarem definitivamente na cena mundial, por volta do século XVI, as virtudes alimentícias já tinham sido descritas a partir de seu "temperamento", ou humores, principalmente nos termos do *quaternio* quente, frio, úmido e seco – modelo de herança hipocrática que o médico e filósofo romano Galeno (*c.* 129-201 d.C.) aprimorou. Segundo esse modelo, o corpo humano é regulado por quatro humores ou fluidos básicos: o sangue (*haima*), o muco (*phlegma*), a bílis amarela (cholera) e a bílis negra (*melancholia*). Cada um desses humores liga-se a uma daquelas qualidades de oposições, quente/frio ou úmido/seco, formando quatro tipos humanos diferenciados de acordo com a incidência ou ação maior de um ou outro humor, ao modo de uma "ciência de

---

130. *Re-vendo a psicologia*. Petrópolis: Vozes, 2010; cf. esp. o cap. 4, p. 363-390.

131. Do latim *species*, como em *especial*, significando "tipo" ou "variedade", mas que "passou a denotar itens valiosos porque era usada para designar os tipos ou variedades de coisas sobre as quais era preciso pagar imposto" (STANDAGE, T. Op. cit., 2010, p. 77).

adjetivos", na expressão de Bachelard. Esses são: sanguíneo (sangue), fleumático (muco), colérico (bílis amarela) e melancólico (bílis negra). Essas qualidades ou humores ainda estão de acordo com os quatro elementos que estão na base antiga do mundo natural elementar: fogo, água, terra e ar[132]. Também o ano é regido em suas estações por esse *quaternio*, de forma que o verão é quente, o inverno é frio, o outono é úmido e a primavera é seca. Assim, tudo se cruza.

Paracelso (1493-1541, médico, alquimista, físico, astrólogo e ocultista suíço-alemão), por sua vez, fala especificamente de "sabores" no corpo humano: azedo, doce, amargo e salgado. "Tudo que é amargo é quente e seco, ou seja, colérico; tudo o que é azedo é frio e seco, ou seja, melancólico [...]. O doce dá lugar ao fleumático, pois tudo o que é doce é frio e úmido [...]. O sanguíneo origina-se no salgado, que é quente e úmido [...]"[133]. Cada uma dessas constituições impõe dietas específicas.

Os alimentos e temperos também participam e complementam fortemente esse esquema de humores e temperamentos:

---

132. "[...] a natureza das coisas – classificada segundo a tradição antiga pelas quatro qualidades de 'quente' e 'frio', 'úmido' e 'seco' – pode ser conhecida principalmente pela cor, pelo odor e pelo sabor, ou seja, por meio da visão, do olfato e do paladar" (MONTANARI, M. *Comida como cultura*. São Paulo: Senac, 2008, p. 85).

133. PARACELSUS. *Selected Writings*. Princeton: Princeton University Press, 1995, p. 19-20 [com introdução de Jolande Jacobi] [Bollingen Series, XXVIII] [trad. Norbert Guterman].

O temperamento quente e seco era visto como o modelo ideal e, portanto, característico do homem. A mulher seria fria e úmida. O quente possuiria a qualidade de excitar e despertar, e o frio, de adormecer e acalmar. Os alimentos quentes seriam o vinho, o sal, o açúcar, o mel, a canela, o cravo, a pimenta, a mostarda, o alho. Os frios seriam a alface, o vinagre, os pepinos, o ópio, a cânfora, os cogumelos e as frutas em geral[134].

Mas não é exatamente isso o está aqui em relevo. Esse período histórico, o Renascimento, tão caro à psicologia arquetípica, visto pela perspectiva da *anima mundi*, faz-nos procurar entender que o anseio pelas grandes viagens – do espírito e do corpo, no mar e na alma – que naquele momento deram lugar a uma ciência, uma indústria e a uma aventura navais que foram capazes de desbravar mares, rotas e lugares e até de descobrir "novos mundos", esteve fundamentalmente impulsionado, para além de sua lógica econômica e comercial, também pela necessidade essencialmente anímica de ir em busca de... temperos! Temperos são inspirações. As enormes transformações na alma do mundo e do homem naquele momento, que tanto contribuíram para revoluções na arte, na literatura, na música, na cultura, na política e nas ciências, estiveram também certamente marcadas pela ânsia por novas e mais excitantes substâncias no paladar e na vida dos eu-

---

134. CARNEIRO, H. *Comida e sociedade* – Uma história da alimentação. Rio de Janeiro: Elsevier, 2003, p. 8.

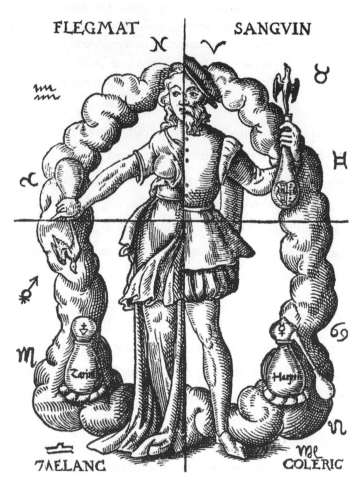

L. Thurneysser. *Quinta essencia*, 1574.

ropeus – muitas naquele momento entendidas como drogas (o açúcar, p. ex.), outras como especiarias[135]. Um anseio de alma, um anseio estético que busca um despertar.

Elas enfeitiçaram os homens. Levaram Vasco da Gama a circunavegar o cabo da Boa Esperança, contornando o sul da África, abrindo novo caminho até a Índia e o Oriente, em 1498; levaram Colombo e Cabral até as Américas; levaram Fernando de Magalhães a realizar a primeira volta ao mundo em 1518. Essas viagens de descoberta acabaram por revelar nada menos que a verdadeira geografia do planeta. Mas as viagens para fora espelham as viagens para dentro. "Será às especiarias", perguntava-se Alexandre Dumas em sua *Pequena história da culinária*, de 1870), "que devemos o Ariosto, o Tasso, o Boccaccio? Será às especiarias que devemos as obras-primas de Ticiano?"[136]

---

135. "O Renascimento é uma revolução culinária pelas especiarias, frutas, modos raros de condimentar carnes e peixes. Navegação. Imprensa. Viagens" (CÂMARA CASCUDO. Op. cit., 2004, p. 343).
136. DUMAS, A. Op. cit., 2005, p. 133-134. "O termo *species*, que significa 'aparência', 'aspecto', 'visão', deriva de uma raiz que significa 'olhar, ver', e que se encontra também em *speculum*, espelho, *spectrum*, imagem, fantasma, *perspicuus*, transparente, que se vê com clareza, *speciosus*, belo, que se oferece à vista, *specimen*, exemplo, signo, *spectaculum*, espetáculo. Na terminologia filosófica, *species* é usado para traduzir o grego *eidos* (como *genus*, gênero, para traduzir *genos*); daí o sentido que o termo terá nas ciências da natureza (espécie animal ou vegetal) e na língua do comércio, onde o termo passará a significar 'mercadorias' (particularmente no sentido de 'drogas', 'especiarias'), e, mais tarde, dinheiro (*espèces*)" (AGAMBEN, G. "O ser especial". *Profanações*. São Paulo: Boitempo, 2007, p. 52 [trad. e apres. Silvino José Assmann]).

Um exame profundo da Renascença, que fundamenta para a psicologia arquetípica um renascimento da própria psicologia, não pode excluir as especiarias e sua alma. Aquela "transformação da consciência permitindo uma nova visão, uma nova habilidade para ver diferentemente, mais profundamente e com sombras"[137], ou seja, com matizes e em profundidade, que pode explicar psicologicamente a entrada da perspectiva na pintura e da polifonia na música, aquele aprofundamento e complexificação da realidade que se dá a partir da Renascença, estão também marcados, ou mesmo impulsionados, pela busca de uma ampliação e sofisticação do *gosto*. Do gosto, agora não mais fisiologicamente falando, mas como função da *anima*.

Embora as especiarias orientais há muito já estivessem presentes no Mediterrâneo, temperar, até a Idade Média, era uma arte muito limitada, praticamente restrita a sal, cebolas, alhos (e alhos-poró). Havia, claro, as plantas aromáticas europeias, na verdade ervas, tais como, de uso mais frequente, a manjerona, o tomilho, o louro, o orégano, a menta, o alecrim, a salsinha, o endro. Mas as especiarias asiáticas – a pimenta-do-reino da Índia, a canela do Ceilão, o cravo das Ilhas Molucas, a noz-moscada de Banda, o gengibre de Kollam, e o cardamomo, o benjoim, o almíscar, o sândalo, a cochonilha, o índigo, o bezoar, o sangue de drago, a mirra, o ruibardo, o macis, o nardo, e mesmo o açúcar – bem como

---

137. HILLMAN, J. *Re-vendo a psicologia*. Petrópolis: Vozes, 2010, p. 401.

as pimentas africanas e americanas (do gênero *Capsicum*), como poderosos estimulantes do gosto e da alma, traziam a promessa de sabor e vida aliada às fortes e aromáticas fantasias do sol, do clima quente, do calor e de infusões afrodisíacas próprias de suas terras de origem[138].

Especiarias: viagens estéticas que despertam a alma

Essa avidez pelas especiarias materializava "as virtudes solares das regiões quentes e desconhecidas do Oriente"[139].

Rudolf Trefzer comenta a respeito da avidez que europeus ricos e poderosos tinham com relação às especiarias, avidez que duraria até o século XVII: "ela não era fruto de uma necessidade culinária, e sim havia se nutrido primeiro do anseio de alicerçar simbolicamente a própria posição social... as especiarias vinham impregnadas com um toque oriental, de um misterioso *universo de sonho*"[140] (itálico meu).

---

138. "O atrativo desses produtos, portanto, originou-se de uma combinação de suas origens misteriosas e distantes, seus consequentes altos preços e valor como símbolo de *status* e suas conotações místicas e religiosas – além, é claro, de seu aroma e sabor. O fascínio atingido pelas especiarias pode parecer arbitrário e estranho hoje, mas sua intensidade não pode ser subestimada. A busca por elas foi a terceira maneira pela qual o alimento refez o mundo, tanto ao ajudar a iluminar sua completa extensão e geografia quanto ao motivar exploradores europeus a procurar um acesso direto para as Índias, estabelecendo, assim, impérios comerciais rivais" (STANDAGE, T. Op. cit., 2010, p. 79).

139. CARNEIRO, H. Op. cit., 2003, p. 78.

140. TREFZER, R. Op. cit., 2009, p. 28.

A pimenta, no entanto, é um caso especial. Pimenta, do plural latim *pigmenta*, significa "pigmentos", de *pigmentum*, cor para tingir. A pimenta, um pigmento do sabor, é, por assim dizer, um "tingidor". Uma tintura. Na alquimia, a ideia da pedra filosofal como uma *tintura* é amplamente disseminada: a pedra transforma tingindo. Ou tinge, porque transforma. Para a psicologia alquímica, tingir é uma imagem completa. Tingir é *transformar*.

> Já que a arte alquímica supostamente se desenvolveu a partir das artes manuais de artesãos, a mente alquímica percebia mudanças de cor no material de trabalho como mudanças na natureza essencial. Um pedaço de ferro muda sua cor quando esquentado e quando resfriado. Um chumaço de algodão mergulhado em tinta azul altera irreversivelmente seu estado branco puro. Tingir, como banhar ou mergulhar – a palavra grega é *baptizein* – afeta a essência. A musselina não tingida quando colorida de azul foi batizada; sua alma foi alterada[141].

Na alquimia, mudança de cor denota mudança de estado. "A tintura certa é indelével", diz Bachelard, "...vai ao centro da matéria"[142]. É indicativa de essência. As grandes transformações do Renascimento podem também ser en-

---

141. HILLMAN, J. "O amarelecimento da obra". *Psicologia alquímica*. Petrópolis: Vozes, 2011, p. 312 [trad. Gustavo Barcellos].

142. BACHELARD, G. *A terra e os devaneios do repouso*. São Paulo: Martins Fontes, 1990, p. 27-28.

Speculum veritatis, século XVII.
Biblioteca Apostólica Vaticana, Cod. lat. 7286.

caradas com esse pano de fundo arquetípico. A busca pela pimenta, que alavanca toda a ânsia pelas especiarias quentes, e que determinou, do ponto de vista histórico, "a maior revolução na alimentação humana"[143], é uma busca por transformação. É uma busca alquímica. É um anseio por uma ruptura de nível no plano da psique.

A alimentação é arquetípica, está acontecendo o tempo todo. Precisamos sempre ser ou estar alimentados em diversos planos de nossa existência. Em sonhos e fantasias, a psique muitas vezes imagina-se alimentada ou alimentando-se. Ou faminta. E a psique também imagina – ou seja, sonha e fantasia – nos termos das metáforas da alimentação e da

---

143. CARNEIRO, H. Op. cit., p. 77.

comida[144]. Alimentamo-nos, claro, primeiro dos nutrientes que provêm da natureza e dos produtos da cultura material. Mas mesmo estes podem ter uma destinação puramente espiritual, ou anímica, como no caso das diversas drogas. Depois, alimentamo-nos de ar. Daí por diante, alimentamo-nos de nossos laços com coisas, pessoas, relações, tradições e produtos do espírito, como a arte, a literatura, as ideias, a história e as realizações.

Isso tudo é tão arquetipicamente importante que a alquimia, modelo operacional da psicoterapia junguiana, menciona duas operações, a *cibatio* e a *imbibitio*[145], que significam o alimentar e o dar de beber à matéria sendo transformada durante a Grande Obra. De novo, a ideia é que a psique precisa ser alimentada, ou seja, que há um estágio no qual a alma requer a comida e a bebida certas. A metáfora é aquela da nutrição, daquilo que mantém algo vivo.

No tratado de George Ripley, *Compêndio de Alquimia*, de 1591, que descreve o processo alquímico em busca da pedra filosofal em doze estágios, ou portais, como ele os chama, a *cibatio* (Cibação/Nutrição) corresponde ao sétimo portal, junto a todas as outras operações, ou fases[146]. Tam-

---

144. "Comida, qualquer que seja seu tipo, é precisamente a imagem da nutrição" (HILLMAN, J. *O sonho e o mundo das trevas*. Petrópolis: Vozes, 2013, p. 247 [trad. Gustavo Barcellos].
145. O verbo "cibar", em português, significa alimentar-se. E "cibório" é um tipo de cálice que serve na liturgia católica para guardar as hóstias consagradas.
146. As outras operações descritas em verso por Ripley são: Calcinação, Dissolu-

bém Michael Maier, para dar outro exemplo de alquimista importante, menciona em seu célebre tratado de 1618, *Atalanta Fugiens*, no Emblema XXII, uma *cocção alquímica*, que simboliza toda a Obra, onde, como na cozinha, apenas paciência e atenção são necessárias. Aqui, as metáforas e a imaginação empregadas para que se compreenda a evolução da transformação psíquica são inteiramente culinárias. "Por cocção entendemos a maturação das partes cruas que, graças a Vulcano, é alcançada dentro dos vasos da Filosofia", escreve Maier[147]. E Jung menciona a *cibatio* e a *imbibitio* em *Mysterium Coniunctionis*, seu mais importante trabalho de psicologia alquímica, notando que a assimilação, a digestão e a integração dos produtos da *anima* (sonhos, fantasias, visões, sintomas, ideias) representam um crescimento da psique comparável ao efeito da "nutrição"[148].

ção, Separação, Conjunção, Putrefação, Congelamento, Sublimação, Fermentação, Exaltação, Multiplicação, Projeção. A cada portal, seguem "instruções", em forma de estrofes, sendo a primeira: "Now I turn my pen to write of Cibation, / Since it must here the seventh place occupy: / But in few words it will be expedited, / Take heed therefore, and understand me wisely; / Cibation is called a feeding of our dry matter, / With milk and meat, which moderately you do, / Until it be brought unto the third order".
147. ROLA, S.K. *The golden game:* alchemical engravings of the seventeenth century. Nova York: Thames and Hudson, 1997, p. 100.
148. Cf. JUNG, C.G. "*Mysterium Coniunctionis*". *CW* 14, § 424. Cf. tb. § 388: "A dieta da gravidez descrita aqui corresponde à chamada 'cibatio' ou 'alimentação' da substância do arcano. O pensamento subjacente era de que a substância a ser transformada devia ser impregnada e saturada, seja tintura, a *aqua propria* (sua "própria água", a alma), seja pelo comer de 'penas' ou asas (o espírito volátil), ou de sua própria cauda (uróboro) ou dos frutos da árvore filosófica".

J.D. Mylius. *Philosophia reformata*, 1622 (*Cibatio*).

9

Cocção final

Gostaria, para terminar, de poder juntar mesa, cozinha, amizade, alma, comida e o arquétipo fraterno[149]. Não é pouco. Mas esses laços já se encontram dispostos em níveis muito profundos: companheiro, por exemplo, vem de *cum panis*, "com pão", comer o mesmo pão, ou aquele com quem juntos comemos o pão, com quem dividimos o alimento[150]. Portanto, aqueles com quem dividimos a refeição são *companheiros*, tornam-se cúmplices, encontram-se unidos. "Comer junto é irmanar-se"[151], disse nosso Câmara Cascudo.

Também ágape, o amor ou o afeto caridoso, através da raiz grega *agápe*, traz exatamente o sentido de uma "refeição de confraternização", uma refeição ou banquete fraternal

---

149. Cf. meu *O irmão* – Psicologia do arquétipo fraterno. Petrópolis: Vozes, 2009.
150. "[...] o pão simboliza a saída do estado bestial e a conquista da 'civilização'. Nos poemas homéricos, a *Ilíada* e a *Odisseia*, a expressão 'comedores de pão' é sinônimo de 'homens'" (MONTANARI, M. *Comida como cultura*. São Paulo: Senac, 2008, p. 26).
151. CÂMARA CASCUDO. Op. cit., 2004, p. 351.

em comum, com motivação política, social, ou comercial. Lembramos agora com facilidade daquele famoso banquete grego, do século IV a.C., aquele *symposium* na casa de Agatão, aquele "banquete de tias velhas", como celebremente o chamou Lacan[152], onde o centro da "refeição" é justamente o amor, e filosofar é a medida.

Que "comunhão" é mesmo essa que a mesa, o alimento, a cozinha proporcionam? Os animais coletam os alimentos na natureza; o homem os produz e prepara, o que implica um afastamento da natureza para a civilização. A comida é o agente civilizatório por excelência, criador de cultura, cultura que não se realiza totalmente sem a criação, a experiência e o aperfeiçoamento das diversas formas de convívio. Por isso, comer é conviver, e aquilo a que chamamos refeição se dá, na maior parte das vezes, em companhia, entre pares.

Alma e comida. Seu entrelaçamento, sua lógica, sua psicologia entrega-nos, por fim, quero crer, ao arquétipo fraterno, ou seja, às difíceis lições da fraternidade e da horizontalidade. Entrega-nos aos "requintados prazeres da alteridade" (Michel Onfray). A alma, vista sob o ângulo da comida e da alimentação, da cozinha e da mesa, será então convivência, articulação imaginativa entre natureza e cultura, aliança entre os seres, imaginação que iguala os homens e chama à amizade. O simpósio grego, o banquete romano, a tertúlia

---

152. LACAN, J. *O seminário* – Livro 8: A transferência. Rio de Janeiro: Zahar, 1992, p. 139.

espanhola, a *kermesse* flamenga são, nesse sentido, representações e experiências do arquétipo fraterno.

Esse entrelaçamento poderoso leva-nos finalmente aqui a uma bela página de Luís da Câmara Cascudo, nosso grande mestre brasileiro, de seu sempre precioso *História da alimentação no Brasil* – página que contém o parágrafo com o qual quero interromper essas reflexões, não só porque ele melhor substitui tudo que pude dizer sobre comida e sobre alma, mas principalmente porque melhor o resume:

> De todos os atos naturais, o alimentar-se foi o único que o homem cercou de cerimonial e transformou lentamente em expressão de sociabilidade, ritual político, aparato de alta etiqueta. Compreendeu-lhe a significação vitalizadora e fê-la uma função simbólica de fraternidade, um rito de iniciação para a convivência, para a confiança na continuidade dos contatos[153].

---

153. CÂMARA CASCUDO. Op. cit., 2004, p. 36.

Sobremesa

1

DOCE E AMARGO NA ALMA

Que é arte, a do doce...
Gilberto Freyre
Açúcar, 1968.

Consideremos a docilidade. Quais são os processos do doce (e do amargo) na alma? Como o açúcar, e toda a experiência que é doce, influencia a alma, molda e modula suas perspectivas e ações no mundo? E o que é esse *adocicar*, sempre tão ligado ao *amargar*?

Todo repasto, modesto que seja, finaliza-se com uma sobremesa. A sobremesa é o momento mais sensual da refeição, e a ela pertence o doce, principalmente o doce. Coroando a refeição, doce é o que vem depois, trazendo sempre a qualidade do irresistível, exaltando a alimentação. O doce de sobremesa marca o zênite do prazer bucal ligado ao alimento: na ponta mais avançada do repasto está a elaboração doce. Elaboração passional. Várias culturas entenderam e praticaram isso. A sobremesa puxa pelo fundo mais irracional e pelo desejo puro, também desejo de pureza. O momento da sobremesa, muitas vezes mais preciosamente esperado que a própria refeição salgada – sobremesa em casa ou fora dela em restaurantes e confeitarias –, é sempre um momento delicado, de expectativas profundas, luxuriantes, penetrando dobras rebuscadas da alma onde muito de satisfação está em jogo explícito, onde dançam os humores mais voláteis, mais exigentes, mais capazes.

É, ao mesmo tempo, momento de relaxamento dos sentidos, de mais e mais imaginação, trazendo cores, formas e sabores mais livremente que a seriedade do sal, quando até a obrigação biológica de alimentar o corpo físico relaxa, afrouxa-se, sonha e brinca. A nutrição doce é uma nutrição lúdica, explora e excita a criança arquetípica. Doce: "uma forma de ser alimentação sendo também recreação [...]"[154].

São, portanto, os da sobremesa, momentos mais intensamente dedicados ao ornamento, ao enfeite, à invenção, à fantasia mais franca e colorida de esculturas e decorações, grandiosas ou pequenas, ao prazer visual de cores e formas – coisa com que muito bem sabem se haver os *chefs-patissiers* das edificações monumentais de *pièce-montées* feitas até hoje no mundo inteiro. Mas a fantasia está igualmente presente nos docinhos finos de confeiteiro (ou nos nem tão finos das padarias, armazéns e vendas simples de todo o interior), as pequenas joias de açúcar, mínimas e delicadas, tímidas ou

---

154. FREYRE, G. *Açúcar* – Uma sociologia do doce, com receitas de bolos e doces do Nordeste do Brasil. São Paulo: Companhia das Letras, 1997, p. 48.

espalhafatosas, enfeitados, vidrados, trazendo sempre surpresa e lembrança, lembrança e surpresa. Arte doceira.

Da mais elementar e caseira, ainda que bem-inventada, de doces em formas graciosas de bichos, flores e figuras, por exemplo, até os majestosos monumentos de açúcar de um Carême, a sobremesa, o doce, é arquitetura. A arte doceira é uma arte da construção, do projeto, do cálculo, da proporção, da ocupação poética do espaço. Por isso a sobremesa, e a doçaria especialmente, ser tantas vezes tão mais atraente do ponto de vista da arte visual, da estética, que da arte gulosa. Ela é como a joalharia, arte filigranada, feita de encaixes, de sonhos de engastes, de brilho falso e verdadeiro.

Sobremesa é tempo de romantismo. E assim é ainda, também, aquele momento que, por mais simples que tenha sido, pode terminar com o brilho suave daquele ponto-final, tantas vezes exclamação lasciva, do golinho miúdo de um licor – caseiro bem-preparado (jenipapo ou laranja, anis ou chocolate) ou industrializado e vindo de longe, glamuroso, bebida fina de marca. Elevando a sobremesa, o licor, mais outro presente do açúcar!

Quindins, brigadeiros, cocadas, queijadinhas, pudins, alfenins, beijinhos, melindres, sonhos, manjares, mungunzás, mingaus, canjicas, suspiros, papos de anjo, pés de moleque, bem-casados, arroz-doce, pão de ló, baba de moça, creme de leite, mil-folhas. A própria linguagem vai se adocicando, dando água na boca, as palavras vão amolecendo e arredondando à medida que penetramos a imaginação doce.

Balas de coco, doce de leite, ambrosia, pamonha, rapadura, rabanada. Bolos, rocamboles, *cookies*, mousses, sorvetes. Confeitos, biscoitos, broas, tortas, compotas, glacês, cassatas, pastilhas, caldas, gomas, geleias, *chutneys*, coberturas. Tantos são os pecados do doce, suas tentações. Vasto seu campo de experiências, seus desvios, seus desvãos.

Há que se considerar, neste contexto tão especial, o papel todo carismático da calda, a calda de açúcar e seus pontos, essência de todas as compotas, e de muitos doces de frutas: solução de água e açúcar levada ao fogo, a calda é *prima* e *ultima materia* de uma alquimia do açúcar. Com ela começamos a elaboração de um doce, com ela tantas vezes esse doce atinge sua realização total, sua glória, seu sonho de doce. Seus pontos são estados animados da matéria doce: ponto de fio brando, ponto de fio médio, ponto de voar, ponto de quebrar, e o famosíssimo ponto de bala. A calda de açúcar é para o doce o que o caldo (de carne, de galinha, de vegetais) é na culinária de sal: base, força, fundamento e filosofia do doce.

Entre nós, brasileiros, o doce teve papel fundamental e adentrou a vida de forma singular: o açúcar "formou" o Brasil, definiu aspectos importantes da cultura brasileira, dominante como foi na economia colonial[155]. A *sacarocra-*

---

155. "O açúcar – que se fez acompanhar sempre do negro – adoçou tantos aspectos da vida brasileira que não se pode separar dele a civilização nacional" (ibid., p. 55). "Durante o período decisivo da formação brasileira, a História do Brasil foi a história do açúcar" (FREYRE, G. *Nordeste* – Aspectos da influência da cana sobre a vida e a paisagem do Nordeste do Brasil. São Paulo: Global, 2004, p. 49).

cia, como pode ser chamado todo o sistema econômico/comercial/cultural de nossa época colonial[156], forjou modos e hábitos que estão no coração da formação psicológica dos brasileiros. Criou tipos humanos de psicologia duradoura, como o senhor de engenho, as sinhás, as mucamas, as amas de leite, as pretas cozinheiras, a negra de tabuleiro...

O açúcar, paradoxalmente, revela muitas das crueldades históricas do mundo. A indústria do açúcar e a monocultura canavieira provocou diretamente a escravidão de milhões de africanos nas *plantations* e nos engenhos de cana das Américas. Estima-se o deslocamento de mais de dez milhões de africanos. No Brasil, a cultura do açúcar, do doce, também está ligada de modo intrínseco à "realidade tremenda da escravidão"[157], na expressão de Gilberto Freyre, nosso "teólogo do açúcar", autor de livro delicioso, *Açúcar*, estudo etnográfico dos doces e dos bolos nordestinos brasileiros, livro que iniciou propriamente uma *sociologia do doce* (fica por realizar-se, coisa que aqui tento esboçar, uma verdadeira *psicologia do doce*, a alma do açúcar). Essa cultura do açúcar é preto no branco, mão preta no cristal branco. É preto no branco com morenos, mulatos, mascavos, escuros, dourados, pardos, mais ou menos e ou-

---

156. CARNEIRO, H. Op. cit., 2003, p. 88.
157. FREYRE, G. Op. cit., 1997, p. 61.

tras morenices no meio. Custou suor, sangue e lágrimas[158].
Custo salgado.

>Em usinas escuras,
>homens de vida amarga
>e dura
>produziram este açúcar
>branco e puro
>com que adoço meu café esta manhã em
>Ipanema[159].

*

No plano do doce, as iguarias ou as lembranças, as vivências ou seu desejo e sentido são em geral voluptuosos, inclinando-se à leveza e ao voo, a um levitar de sensações, a um desencarnar de emoções. Inflamáveis, voláteis são os sabores doces. Tudo beira o céu na experiência doce. O doce eleva, é alma que sobe, que inspira, que se aproxima do espírito e voa. O doce traz paz de espírito. A memória do doce é uma memória para cima, que aprofunda para cima.

Por ser da elevação, o doce é também do abismo. Toda elevação implica vertigem, e no doce, o vertiginoso é lúdico, queda profunda na alegria e na culpa.

---

158. "Ao observador do séc. XVII chocava a imagem de pesadelo, do trabalho nos engenhos de açúcar. Fogo, suor, negros, correntes, rodas, caldeiras ferventes compunham o quadro de labor incessante das fábricas de açúcar, diuturnamente, nos meses de safra, de agosto a maio" (FERLINI, V.L.A. *A civilização do açúcar*. São Paulo: Brasiliense, 1984, p. 45).

159. GULLAR, F. "O açúcar" – Dentro da noite veloz. *Toda poesia (1950-1999)*. Rio de Janeiro: José Olympio, 2000, p. 165.

O açúcar, o doce, traz sempre uma fantasia de afetividade, de candura. As relações sempre profundas entre açúcar e coração levam-nos, por exemplo, ao hábito de presentear com doce. O doce (em geral guloseimas ou chocolates e bombons) entra no momento bom e no momento ruim. No bom para celebrá-lo, no ruim para consolá-lo. Celebração ou consolo, o doce denota afeto. Em geral, o doce desmancha na boca, convertendo em suavidade as durezas e asperezas da vida. Excessos de açúcar são, portanto, excessos do coração.

Num outro exemplo, também bastante significativo, a domesticidade mais profunda e a experiência reconfortante da intimidade da casa e das relações familiares não são descritas tão inteiramente por nenhuma outra locução que não "lar *doce* lar". Lar é uma experiência doce em qualquer língua, em qualquer imaginário, e é doce para ser lar. Toda vez que estamos num "lar" estamos, portanto, num lugar doce, num estado de alma doce. O doce na locução entra para dar a chave da intimidade e do conforto. Também a chave do que está protegido e se basta. Sentir-se acolhido é uma experiência doce. Acolhimento: o colo é um lugar doce. A experiência do açúcar é fechada em si mesma, se autoprotege, como um lar. É um lar. Disso dá testemunho a doçaria sentimental de velhas receitas de avó, que sempre guardam segredos do preparo, da medida correta, do tempo preciso, nunca revelando inteiramente o procedimento certo, agindo com imprecisões herméticas, deixando sempre um pouco para a imaginação. Segredos de família.

O açúcar compensa mágoas, equilibra conflitos internos, apazigua ansiedades, modela angústias. Faz dormir, faz sonhar. Açúcar é carinho, carinho que ofertamos a nós mesmos ou aos outros. Conforta – como água com açúcar.

2

ESBOÇO PARA UMA ALQUIMIA DO AÇÚCAR

> *O conceito de* imaginatio *é talvez a chave mais importante para a compreensão da* opus.
> C.G. Jung
> *Psicologia e alquimia*, 1944.

Açúcar, do sânscrito *sarkara* ("material granulado"), chamado "doce droga" e "sal essencial" por André João Antonil (1649-1716), cronista, em seu famoso relato *Cultura e opulência do Brasil por suas drogas e minas*, do início do século XVIII, é a sacarose extraída da cana-de-açúcar, *Saccharum officinarum L.*, planta originária da Índia, trazida à Europa mais tarde pelos povos árabes, e depois às Américas. *Sukkar* (árabe), *saccharum* (latim), *sugar* (inglês), *sucre* (francês), *zucchero* (italiano), *zucker* (alemão), *azúcar* (espanhol), *sackar* (russo), *socker* (sueco), *suga* (iorubá) são seus nomes, todos etimologicamente muito parecidos. É também o "sal branco", o "sal doce" da Idade Média, entendido inicialmente como medicamento (para males digestivos e respiratórios, e também, até hoje, como cicatrizante e calmante), e depois como especiaria, tempero, "alimento-droga" (no sentido de ser considerado um estimulante) ou "droga quente" vinda das Índias Orientais (no sentido de temperar o frio e o insípido da vida europeia, assim como o fizeram a canela, a noz-moscada, o gengibre). "Gênero alimentício cuja ampliação do consumo mais influiu na alteração dos hábitos alimentares"[160] do mundo, inicialmente raridade, depois um luxo nas mesas do século XVIII, o açúcar finalmente vira necessidade básica na Era Moderna.

Açúcar: dos mais puros aos mais refinados, dos naturais aos bastante processados quimicamente para atingir pureza, ou seja, brancura. Dos de uso mais caseiro aos de uso profissional; de produtos mais sólidos, escuros e sérios a poéticas pedrinhas transparentes que transportam a experiência doce, muitos são seus tipos: refinado (branco comum, pó fino ou extrafino); cristal; de confeiteiro (ultrarrefinado e peneirado); impalpável (seco, de confeiteiro, acrescido de amido); orgânico (claro e dourado); demerara (açúcar cru); mascavo (escuro e úmido, açúcar bruto); cande. Ou os feitos a partir de frutas, milho, mel ou beterraba (isomalte). E há, claro, os adoçantes artificiais – sacarina, aspartame, ciclamato, estévia, sucralose, por exemplo – que são simulacro do efeito doce, doces menores, e não entram numa alquimia do açúcar. Artificialidade e pureza, todas elevações doces.

---

160. CARNEIRO, H. *Comida e sociedade* – Uma história da alimentação. Rio de Janeiro: Elsevier, 2003, p. 87.

A "doce droga", como a *prima materia* na alquimia hermética, recebe vários nomes ao longo do processo de seu aperfeiçoamento, antes de assumir finalmente o mais perfeito deles, *açúcar*. Assim Antonil descreve o processo de transformação, em 1711:

> ...conforme o seu princípio, melhoria e perfeição, e conforme os estados diversos pelos quais passa, vai também mudando de nomes. E assim, na moenda, chama-se sumo da cana; nos paróis do engenho, até entrar na caldeira do meio, caldo; nesta, caldo fervido; na caldeira de melar, clarificado; na bacia, coado; nas tachas, melado; ultimamente, têmpera; e, nas formas, açúcar, de cujas diversas qualidades falaremos, quando chegarmos a vê-lo posto nas caixas[161].

Açúcar é tempero, açúcar é remédio. Suas funções (ou operações) são variadas. Como adoçante (um tempero que leva ao doce sabor aquilo que toca ou a que se mistura); como conservante (eficiente para alimentos que precisam enfrentar o calor, como frutas, ovos, gemas); para dar consistência (a quindins e caldas, p. ex.); para cristalizar.

Agora podemos avançar uma tentativa de "alquimicalizar" o açúcar como uma potente metáfora para diversas condições psíquicas. Agora vamos sonhar o açúcar!

*

---

161. ANTONIL, A.J. *Cultura e opulência do Brasil* (1711). Belo Horizonte: Itatiaia, 1997, p. 124.

O açúcar "filosófico", sofisticado pela imaginação, metafórico das experiências doces, retém essas funções: adoçante, conservante, dar consistência, cristalizar. É indicador de uma *condição* psíquica (o estado doce), de um *processo* psicológico (o adocicar), e de um *modo de patologizar* (excesso de doçura, amargor). Essa condição psíquica apresenta a qualidade da doçura que se faz presente na alma e que se expressa na possibilidade de experimentarmos as coisas e as pessoas, e de nos relacionarmos com elas, de modo dócil – afável, suave, gentil, cordial, disposto a ceder –, por meio principalmente do sentimento e no plano do coração, a ênfase recaindo no sentir. Como processo psicológico, espontâneo ou induzido, faz-nos acrescentar essas qualidades de modo mais ou menos permanente àquilo que somos.

O *Dicionário Alquímico* de Ruland, de 1612, ao falar de diversas quintessências como "remédios universais" que promovem o "prolongamento da vida", menciona, entre elas, a "Quintessência do Açúcar", favorável a todo tipo de temperamento, como um "remédio soberano" para, entre outros males, hidropisia (edema), consumismo, epilepsia e "confinamentos"[162].

Paracelso dá ao açúcar um lugar entre os quatro "sabores" emocionais do corpo, ao lado de azedo, amargo e salgado. Ele entende que o doce, em seu caráter essencial

---

162. RULANDUS, M. *A Lexicon of Alchemy* (1612). Kessinger Publishing, p. 444-445, verbete "Universal Medicine".

arquetípico, é *frio* e *úmido*, o que então gera, se é predominante, um temperamento fleumático. Ora, o temperamento fleumático, do latim *phlegmatìcus*, indica frieza de ânimo; impassível, ÿápisÿilo e vagaroso. Aqui há uma disputa para saber se o temperamento que gosta de doce não seria, ao invés, colérico, o que indicaria uma inclinação mais indignada, enfurecida e passional.

Ao tetrasoma das substâncias alquímicas – que enumera sal, enxofre, mercúrio e chumbo como as principais componentes e os princípios dinâmicos fundamentais do universo (micro e macrocósmico) – falta o Açúcar. Sabemos que o tetrasoma compõe a Pedra Filosofal. A pedra dos filósofos terá Chumbo, que lhe dará peso, gravidade, densidade, ponderação; terá Sal "pois ela recorda e tem a interioridade do sangue, do suor, da urina e das lágrimas, uma sensibilidade que impede que a dor aguda e a imaginação volátil se dissipem"; também "é feita de Enxofre, ou não seria rica e gorda, vital e combustível, e assim não seria capaz de tingir e multiplicar"; e ainda Mercúrio, pois é "incapaz de ser capturada em definições... leve e pesada, venenosa e curativa... capaz, por causa da fusibilidade mercurial, de *participar*, de juntar-se, de dissolver, de significar alguma coisa sem perder a essência"[163]. Mas a pedra também deve ser *doce*, como deixam entrever tantos alquimistas medievais. Muitos deles falam de um humor doce nesse estágio da obra; "um humor

---

163. HILLMAN, J. *Psicologia alquímica*. Petrópolis: Vozes, 2011, p. 376-377.

doce, uma graça dos céus", diz também James Hillman[164]. A qualidade doce integra a imagem arquetípica da pedra alquímica, pois nela está também o açúcar fazendo parte do *jápis philosophorum*.

Na obra de cultivo da alma, lutamos honestamente com nosso amargor para que ele se torne doce, pois sabemos que a pedra não é pedra se não for também doce.

Assim, parece-nos que adocicar é uma espécie de meta da *opus magnum*, isto é, faz parte das metas alquímicas ao lado de tantas outras imagens de sofisticada metaforização: o ouro, a pérola, o diamante, o sol, o hermafrodito, o zênite vermelho da luz, *rubedo*, a pedra filosofal.

*

Na alquimia do açúcar, a experiência doce é sempre uma experiência de elevação, ou que busca o espírito, a transcendência. Busca uma experiência de pico. A curva glicêmica que o diga, e também toda a rica e forte tradição de doces conventuais, feitos pelas mãos de freiras e monges anônimos, a doçaria tradicional dos conventos e mosteiros no mundo todo, revelando mais que tudo que bem entende de açúcar quem entende do espírito.

---

164. Ibid., p. 252.

Inflamáveis, voláteis são os sabores doces: isso nos leva a considerar a efemeridade do doce, a saber, o *fogo* do açúcar. O elemento fogo no açúcar inflama, aquece a alma, faz a psique gozar, é uma alegria excitante. O doce é notório substituto do amor ausente. E doce é sempre o desejo. Docemente desejamos. O desejo e o doce, ou seja, a conjunção de enxofre (*sulphur*) e açúcar (*saccharum*), mostram que é doce desejar, e que desejar adocica a alma[165].

João Cabral de Melo Neto, alquimista da pedra sertaneja, conhece bem essa volatilidade do açúcar, e nota em sua "Psicanálise do Açúcar" (poema de *Educação pela Pedra*, 1965):

> O açúcar cristal, ou açúcar de usina,
> mostra a mais instável das brancuras:
> quem do Recife sabe direito o quanto,
> e o pouco desse quanto, que ela dura.
> Sabe o mínimo do pouco que o cristal
> se estabiliza cristal sobre o açúcar,
> por cima do fundo antigo, de mascavo,
> do mascavo barrento que se incuba;
> e sabe que tudo pode romper o mínimo
> em que o cristal é capaz de censura:
> pois o tal fundo mascavo logo aflora
> quer inverno ou verão mele o açúcar.

*

---

165. "O atrativo do desejo é a *doçura* da realização" (EDINGER, E. *Anatomia da psique* – O simbolismo alquímico na psicoterapia. São Paulo: Cultrix, 1990, p. 108).

Sugiro que o açúcar é uma experiência adquirida no branco alquímico, na fase *albedo* do processo de transformação da matéria almada, uma experiência feita para quem sabe, deseja ou já está pisando uma terra branca, tendo a *anima* como base. A terra branca dos alquimistas é o solo lunar. O solo lunar é o "chão de cima": a imaginação, a alma. Bachelard fala da paisagem lunar coberta de "vidrilhos de açúcar"[166]. Essa terra branca cristalizada e pura do açúcar é onde depositamos nossa inocência recuperada. Só quem vive inteiramente na Lua entende inteiramente o açúcar e a experiência doce. Como a *albedo*, esse branco do açúcar filosófico é aquela doçura alcançada, doçura que é fruto de elaborações tantas vezes amargas e violentas nas câmaras sem luz da alma. Dentro de nós, esse branco do açúcar, essa pureza, essa docilidade, refere-se, portanto, a um branco trabalhado, atingido por meio de operações de violento sofrimento, que purifica o negro mascavo, o mel preto da vergonha e da culpa, do desespero e das patologizações, em cristal – cristal que é uma aurora, manhã doce alcançada. O açúcar branco refinado é mascavado por dentro, assim como dentro da *albedo* alquímica estão os estágios anteriores de *nigredo*, de negror, de sofrimento e melancolia amarga, de desespero plúmbeo. No fundo da doçura alquímica está um amargor. No açúcar também um branco emerge do preto, branco que aparece "por cima do fundo antigo" mascavado.

---

166. BACHELARD, G. *A terra e os devaneios da vontade*. São Paulo: Martins Fontes, 1991, p. 70.

O doce conforto da *albedo* lunar participa da pedra como um branco que é doce e que é capaz de adocicar mundo e alma. O açúcar adocica a Pedra. A aurora (*albedo*) é doce, depois da noite escura da alma (*nigredo*); emocionalmente, é sentida como um alívio doce. A *albedo* é doce e leva essa doçura para a Pedra (*rubedo*). Mas na pedra essa doçura está plenamente realizada, não apenas sentida ou meramente apreciada como uma ideia, não apenas na mente. Ainda assim, esta é "a mais instável das brancuras".

*

O doce incide de modo diferente que o azedo, o amargo, o salgado, o acre. Esses contrastes inspiram.

Consideremos primeiramente as dialéticas do doce e do amargo. Essas são as relações do açúcar com sua sombra. O contrário da doçura não é o salgado, mas o amargo. O efeito do açúcar neutraliza um pouco do amargo, ou do azedo, equilibrando a agressividade presente em todo gosto amargo. O que é doce suaviza uma dor[167]. A sombra da doçura é destrutiva, amarga as experiências e a própria alma. Com um poder agressivo, vemos que funciona no fundo do açúcar um ferrão doce/amargo. Cobra de nós a ingenuidade. Esse

---

167. "[...] a água suaviza uma dor, portanto ela é doce" (BACHELARD, G. *A água e os sonhos*. São Paulo: Martins Fontes, 1998, p. 163, cap. VII: "A supremacia da água-doce").

pungir do doce precisa ser considerado, pois é seu amargo, e faz parte do açúcar. O amargo quebra, analisa, separa, e tem um peso que nos deixa no chão, atados à matéria. "Que amargor há no coração de um ser que a doçura corrói!"[168]

Ao pensarmos agora nas dialéticas do açúcar e do sal, percebemos que o açúcar se dá à imaginação de forma ainda mais delicada e requintada que o sal. O sal traz para a personalidade aquela base estável que é extraída principalmente das experiências de dor, extraída mais precisamente das *essências* nelas envolvidas: sangue, suor e lágrimas. As experiências que nos envolvem com esses líquidos são salgadas, trazem sal. Nesse nível, sal tem a ver com sofrimento; açúcar tem a ver com prazer. O sal traz coesão, fixação e conservação; traz um centro. O açúcar traz volatilidade, elevação, sonho; traz uma explosão dos sentidos, e uma multiplicação dos centros. O açúcar antecipa a *multiplicatio*. O sonho do sal tem um pouco de *senex*. E sonho do açúcar tem um pouco de *puer*. O sal filosófico é permanência, solidez, consistência, enquanto que o açúcar filosófico é efemeridade, fugacidade, volatilidade. Para Bachelard, o sal é "um princípio da *concentração* ativa"[169]. Quando poderíamos dizer que o açúcar é o *princípio do voo*.

---

168. BACHELARD, G. *A terra e os devaneios da vontade*. São Paulo: Martins Fontes, 1991, p. 70.
169. Ibid., p. 209.

Porém, é preciso lembrar que tanto sal demais quanto açúcar demais amargam a alma; há neles, com efeito, uma propensão interna amarga.

*

Não podemos, no entanto, literalizar doçura em açúcar. Mas a imagem mais sofisticada desse doce alquímico na Pedra é certamente encontrada no Açúcar. O açúcar da cana é o *padrão universal de doçura*.

Devemos concluir que diante da imaginação sacarina a alma adquire certa virtuosidade, própria daquilo que podemos chamar de uma *intensificação da ternura*. A intensificação da ternura será sempre a medida do açúcar.

3

EVOCAÇÃO DA CACHAÇA

> *Onde mói um engenho, destila um alambique.*
> Luís da Câmara Cascudo
> *Prelúdio da cachaça.*

É preciso terminar com um gole de cachaça. Talvez devesse ter começado com ele, mas agora é tarde demais. O destilado de cana-de-açúcar é, como seus semelhantes, uma água-ardente, "água que queima a língua e se inflama à menor faísca"[170], uma água-fogo, água da vida, água-viva, e tem, como a *prima materia* alquímica, uma miríade de nomes[171]. Alguns, os mais conhecidos e populares, evocam, entre lasciva e casta, uma alma feminina, uma *anima* a meio

---

170. BACHELARD, G. *A psicanálise do fogo*. São Paulo: Martins Fontes, 1994, p. 123 [trad. Paulo Neves].

171. "Decorrentemente, possuía a cachaça uma sinonímia esmagadoramente superior a outra bebida. No Brasil, talvez alcance o meio milhar de denominações humorísticas, líricas [...] centenas e centenas de títulos dados pelos fabricantes [...] tornam-se genéricos, usuais no linguajar das ruas e das feiras. Os recenseamentos folclóricos não podem acompanhar a novidade das improvisações" (CÂMARA CASCUDO, L. *Prelúdio da cachaça*. São Paulo: Global, 2006, p. 33).

caminho da provocação e da pureza, sendo sedutora e espiritual, manchada e alva ao mesmo tempo. São nomes como branquinha, malvada, cristal, moça branca, cana, caninha, jeribita, patrícia. Muitas marcas de alambique também celebram essa incorporação feminina: Sereia, Xamego, Africana, Sedutora, Maria Branca, Amélia, Tapuia, Cristalina, Boazinha, Salomé, Creoula, Capela. Vai-se descrevendo assim, no imaginário popular do Brasil, uma *anima* bem brejeira, que também se estende aos animais, quando a bebida convoca para fora seu bestiário interno, sua imaginação aérea, aquática e terrestre, diluída em seus campos, ares e mares de dentro – nomes de marcas como Pitu, Tatu, Beija-flor, Araponga, Cobrinha, Coral, Bem-te-vi, Curió, Sabiá, Guará, Paca, Jacaré, Gambá, Preá. E essa *anima* estará presente ainda nos grandes substantivos abstratos que também dão nomes às cachaças Brasil afora, abstrações ao modo como se nomeavam, em tempo antigo, os deuses: Volúpia, Riqueza, Providência, Tentação.

"Dissolvente dinástico, dispersador étnico, perturbador cultural" – assim Câmara Cascudo descreve o álcool presente na cachaça, em seu *Prelúdio da cachaça*, de 1968, fazendo-nos perceber nele um Dioniso muito bem definido, moreno e malandro, presença dionisíaca incisiva e certeira em sua força desconstrutivista, que sacode o organismo "como se houvesse deglutido uma tempestade"[172]. E é ainda aqui que também encontramos uma outra entidade

---

172. Ibid., p. 43.

religiosa e psicológica, igualmente arrebatadora: Exú, o camarada da cachaça.

Nascida bastarda e clandestina nos engenhos de açúcar, ela é mágica e, se derramada no chão antes do primeiro gole, libação matreira, homenageia, agrada e ao mesmo tempo defende de deuses e santos, e até de antepassados mortos, e da má influência de energias cósmicas arrevesadas.

Ela é ritualística e, nesse sentido mais íntimo, sacerdotiza, presente em processos de limpeza e naquilo tudo que envolve descarga, defumação, defesa.

E é assim, com este gole de saideira, de despedida, com este golinho bem miúdo e brasileiro, que podemos agora de bom grado terminar.

CADERNO DE RECEITAS

Criamos, Ângela Teixeira e eu, este Caderno de Receitas para aparecer aqui como uma pequena demonstração de uma culinária envolvente, que inclui memória, conforto, afeto e simplicidade. A essa culinária chamamos comida de alma. *Todas as receitas foram ensaiadas e preparadas em minha cozinha, no Sítio Pedra Grande, durante o período de uma semana de degustações e experimentações com amigos. Todas nos fizeram sonhar.*

Sopa rústica de mandioquinha

Esta é uma receita que vai direto para a mesa de infância de muita gente.

Esta sopa reflete a alma de uma rusticidade que pertence ao campo. Pode ser feita com mandioquinha ou batatas, inhame, aipim. Vou descrever a que fiz com mandioquinhas. A quantidade para três pessoas é de aproximadamente 1 quilo ou 6 mandioquinhas.

Precisamos de 3 cebolas cortadas bem miúdas e 3 dentes de alho também cortados miúdos ou machucados. Levo as mandioquinhas ao cozimento já descascadas em água com sal marinho até que fiquem moles, desmanchando.

Em uma panela, levo as cebolas a frigir em azeite de oliva, e quando já estão transparentes, coloco o alho. Ao dourar, coloco a água em que foram cozidas as mandioquinhas. Enquanto se forma o caldo acebolado no azeite, machuco as mandioquinhas e junto-as a esse caldo. Algumas podem ficar um pouco inteiras, outras desmanchando.

Sirvo com queijo parmesão ou pecorino ralado na hora e torradas.

Bacalhau na nata

O bacalhau na nata é uma comida deliciosa, de origem portuguesa e, embora a receita seja muito simples, exige dedicação.

Uso habitualmente bacalhau do Porto, e 1 quilo é suficiente para quatro ou cinco pessoas. Vai também 1 quilo de batatas, 300 gramas de natas e 200 gramas de creme de leite fresco.

Levo três dias dessalgando o bacalhau, num recipiente em água fria, mantendo-o na geladeira e trocando a água sempre que lembrar.

Cozinho então o bacalhau numa panela por uma hora, escorro e, na mesma água, cozinho as batatas descascadas. Enquanto isso, retiro toda a pele e espinhas do bacalhau e debulho suas pétalas. Espremo as batatas amolecidas em forma de purê.

Por fim, tomo uma travessa e monto o prato, colocando primeiro as batatas cozidas, fazendo uma cama para deitar o bacalhau, cobrindo-o depois com as natas, espalhando-as com o creme de leite. Misturo levemente os ingredientes e levo ao forno, até que doure, por aproximadamente 20 minutos. Salpico manjerona, ou a erva de preferência, e sirvo.

Molho ragu de carne

O ragu de carne é um molho denso, nutritivo e tem por base o tomate. Ele serve para dar gosto à polenta e às pastas. Faz parte da alma italiana.

Sempre faço ragu de carne, e este que vou descrever fica gostoso. Para três pessoas, uso 300 gramas de carne bovina moída, escolho patinho por ser um corte com menor teor de gordura. Coloco a carne moída para secar numa caçarola com um fio de azeite e sem tempero algum. Reservo. Na mesma caçarola, frito em azeite de oliva 2 cebolas, 4 dentes de alho picados, 100 gramas de bacon e uma cenoura ralada bem miudinha. Enquanto isso, corto 2 tomates em quadrados pequenos e um punhado generoso de manjericão, e levo-os à caçarola para frigir também.

Quando este refogado está bem dourado e com a consistência densa de uma pasta, acrescento a carne moída e mais 100 gramas de linguiça calabresa. Neste momento polvilho uma colher de chá de canela em pó, sal e pimenta-do-reino a gosto. Acrescento 1 litro de água quente à caçarola e quatro tomates italianos pelados para

engrossar o molho. Este cozinha por uma hora até adquirir uma cor vermelha encorpada.

Coloco numa travessa a polenta bem quentinha, e espalho o ragu por toda sua superfície. Sirvo com queijo parmesão ralado.

Arroz do sertão

Assim como o feijão, o arroz foi trazido para o Brasil pelos mercadores asiáticos após a colonização portuguesa. Tornaram-se pratos populares em vários países e inclusive no Brasil. Há quem afirme a existência do arroz antes mesmo do Descobrimento, sendo cultivado pelos indígenas, que chamavam suas espigas de milho d'água.

Assemelhando-se aos italianos (*risotto*) e aos espanhóis (*paella*), o arroz do sertão é elaborado originalmente aproveitando-se sobras de legumes e de carnes.

Para fazer o arroz do sertão para doze pessoas eu tomei de 1/2 quilo de linguiças (calabresas, portuguesas, paio), 1/2 quilo de carne do sertão (charque), 1 peito de frango. Cortei as linguiças e a carne em pedaços pequenos variados, lavei, dessalguei com água quente e fria, lavei com limão e temperei com alho. Separei ervilhas frescas (200 gramas), duas cenouras picadas em quadrados bem pequenos e aferventei deixando-as *al dente*.

Para temperar, cortei tomates, cebolas em cubos, coentro e cebolinha picados, e reservei.

Iniciei o cozimento da seguinte maneira: coloquei 1/2 xícara de azeite de oliva em uma caçarola grande e levei as

carnes para fritar. Coloquei 3 xícaras de arroz branco comum, misturei com as carnes e fui despejando água quente vagarosamente. Quando o arroz ficou *al dente*, coloquei as ervilhas e a cenoura. Misturei tudo, e quando estava quase no ponto do arroz, enfeitei com os temperos (tomate, cebola, coentro), um fio de azeite e tampei a caçarola para esperar o cozimento final.

Bolo de carne maravilhoso

A carne bovina moída presta-se a vários tipos de iguarias da culinária italiana, norte-americana, árabe, e caiu no gosto dos brasileiros. Com ela, fazemos o bolo de carne, recheado das mais diversas formas.

A 1/2 quilo de carne moída, acrescentei um ovo caipira inteiro, uma fatia de pão embebida em leite, uma cebola muito bem ralada, sal e pimenta-do-reino a gosto. Também um pouco de molho inglês.

Misturei tudo e quando ficou uma massa homogênea, espalhei em um pedaço de plástico filme, cuidando para que o formato ficasse retangular. Recheei com verduras (cenoura, ervilhas frescas), queijo, azeitonas pretas, tomate, cebola, manjericão e fechei em formato de um cilindro com a ajuda do plástico. Rolei para dentro de uma assadeira previamente untada com azeite de oliva. Espirrei um pouco mais de molho inglês e levei ao forno por 40 minutos.

Como este bolo estava recheado com verduras variadas, servi com arroz branco. Ele pode ser servido com salada verde. Fica muito bom. Já fiz com recheio de banana da terra e ficou delicioso.

Mingau de tapioca

Tapioca é um dos produtos de nossa mandioca. Com ela elabora-se, além do mingau, o beiju, a paçoca de tapioca com coco, o pudim de tapioca, o bolo de tapioca. Muitas coisas. O gosto do mingau de tapioca, quando é feito com leite de coco natural, é realmente muito especial e saboroso.

É muito simples fazer o mingau de tapioca, mas algumas coisas devem ser observadas. O mingau deve ser tomado logo após sua feitura porque, à medida que ele esfria, vai engrossando e modificando sua feição e seu gosto.

A quantidade de tapioca é muito importante porque deve-se levar em consideração que ela incha muito. O coco deve ser ralado fino, de onde se retira o leite grosso, sem água, espremendo em pano branco seco, que se reserva. Toma-se novamente o coco ralado e tira-se o leite fino com água quente, espremendo novamente as fibras. Tempero o leite de coco fino com açúcar, canela em pau e cravo-da-índia. Quando estiver quase fervendo, despejo a tapioca devagar. Para 1 litro de leite de coco fino, uso uma xícara de tapioca granulada. Após a fervura, coloco o leite grosso.

Sirvo em prato fundo e salpico canela em pó em toda a superfície. Há quem use leite de vaca para encorpar.

Bolo de cenoura com cobertura de chocolate

O bolo de cenoura é muito apreciado no Brasil, principalmente quando leva cobertura de chocolate amargo. Simples de fazer, o resultado é um lanche gostoso e nutritivo.

Para a massa usei 2 xícaras de cenouras picadas, ou 3 cenouras médias, 3 ovos inteiros, 1 e 1/2 xícara de açúcar, 1 xícara de óleo (coloquei de girassol). Bati esses ingredientes no liquidificador e, após liquidificar, coloquei em uma tigela e acrescentei 1 e 1/2 xícara de farinha de trigo e 1 colher de sopa de fermento peneirados.

Escolhi uma assadeira de tamanho médio para levar o bolo ao forno. Ele não cresce muito devido à umidade da cenoura. Untei a assadeira com margarina e polvilhei com farinha de trigo.

Assei por 45 minutos em forno a 180 graus.

Para a calda de chocolate, usei 220 gramas de chocolate amargo derretido em 1/2 xícara de leite, em banho-maria. Após derreter, coloquei 1 colher de sopa de manteiga.

Cobri o bolo com a calda, espalhando generosamente, e servi cortado em cubos.

REFERÊNCIAS

Bibliografia gastronômica

ALLENDE, Isabel (2004). *Afrodite*: contos, receitas e outros afrodisíacos. Rio de Janeiro: Bertrand Brasil.

ATALA, Alex (2005). *Por uma gastronomia brasileira*. São Paulo: BEI Comunicação.

BARKAS, Janet (1975). *The vegetable passion:* a history of the vegetarian state of mind. Londres: Routledge & Kegan Paul.

BELUZZO, Rosa & HECK, Marina (2002). *Doces sabores*. São Paulo: Studio Nobel.

BONA, Fabiano Dalla (2010). *O céu na boca*. Rio de Janeiro: Tinta Negra.

_____. (2005). *Literatura e gastronomia*. São Paulo: Italianova.

BORNHAUSEN, Rosy L. (1993). *As ervas do sítio:* história, magia, saúde, culinária e cosmética. São Paulo: MAS.

BRAUNE, Renata (2007). *O que é gastronomia* [com Silvia Cintra Franco]. São Paulo: Brasiliense.

BRILLAT-SAVARIN, Anthelme (1999). *A fisiologia do gosto*. São Paulo: Companhia das Letras.

CÂMARA CASCUDO, Luís da (2006). *Prelúdio da cachaça*. São Paulo: Global.

_____ (2004). *História da alimentação no Brasil*. São Paulo: Global.

CAMARGO-MORO, Fernanda de (2009). *Arqueologias culinárias da Índia*. Rio de Janeiro: Record.

CARNEIRO, Henrique (2003). *Comida e sociedade:* uma história da alimentação. Rio de Janeiro: Elsevier.

DALBY, Andrew & GRAINGER, Sally (1996). *The Classical Cookbook*. Los Angeles: The J. Paul Getty Museum.

DUMAS, Alexandre (2005). *Memórias gastronômicas de todos os tempos* seguido de *Pequena história da culinária*. Rio de Janeiro: Zahar.

FARELLI, Maria Helena (2003). *Comida de santo*. Rio de Janeiro: Pallas.

FREEDMAN, Paul (org.) (2009). *A história do sabor*. São Paulo: Senac.

HAMILTON, Richard & TODOLÍ, Vicente (2009). *Food for Thought, Thought for Food*. Barcelona/Nova York: Actar.

HORTA, Luiz (org.) (2004). *O melhor da gastronomia e do bem-viver*. São Paulo: DBA.

KELLY, Ian (2005). *Carême:* cozinheiro dos reis. Rio de Janeiro: Zahar.

KRONDL, Michael (2007). *The taste of conquest:* the rise and fall of the three great cities of spices. Nova York: Ballantine.

LODY, Raul (2011). *Vocabulário do açúcar:* histórias, cultura e gastronomia da cana sacarina no Brasil. São Paulo: Senac.

MACINNIS, Peter (2002). *Bittersweet:* the story of sugar. [Austrália]: Allen & Unwin.

MARCHESI, Gualtiero & VERCELLONI, Luca (2010). *A mesa posta:* história estética da cozinha. São Paulo: Senac.

McGEE, Harold (2011). *Comida e cozinha:* ciência e cultura da culinária. São Paulo: WMF Martins Fontes [Trad. de Marcelo Brandão Cipolla].

MIRANDA, Danilo Santos de & CORNELLI, Gabriele (orgs.) (2007). *Cultura e alimentação:* saberes alimentares e sabores culturais. São Paulo: Sesc.

MONTANARI, Massimo (2016). *Histórias da mesa.* São Paulo: Estação Liberdade [Trad. de Federico Carotti].

_____ (2008). *Comida como cultura.* São Paulo: Senac.

MORAES, Vinícius de (2013). *Pois sou um bom cozinheiro:* receitas, histórias e sabores da vida de Vinicius de Moraes. São Paulo: Companhia das Letras.

POLLAN, Michael (2014). *Cozinhar:* uma história natural da alimentação. Rio de Janeiro: Intrínseca [Trad. de Claudio Figueiredo].

RAMINELLI, Ronald (2005). "Da etiqueta canibal: beber antes de comer". In: VENÂNCIO, Renato Pinto & CARNEIRO, Henrique (orgs.). *Álcool e drogas no Brasil.* São Paulo: Alameda.

REDÓN, Josep Muñoz (2008). *A cozinha do pensamento:* um convite para compartilhar uma boa mesa com filósofos. São Paulo: Senac [Trad. de Sandra Trabuco Valenzuela].

ROSSI, Paolo (2014). *Comer:* necessidade, desejo, obsessão. São Paulo: Unesp [Trad. de Ivan Esperança Rocha].

SILVA, Paula Pinto e (2005). *Farinha, feijão e carne-seca:* um tripé culinário no Brasil colonial. São Paulo: Senac.

SIMON, André (2005). *A Flummery of Food and Feasts for Epicures.* Londres, Little Books.

STANDAGE, Tom (2010). *Uma história comestível da humanidade*. Rio de Janeiro: Zahar.

STRONG, Roy (2004). *Banquete:* uma história ilustrada da culinária, dos costumes e da fartura à mesa. Rio de Janeiro: Zahar [Trad. de Sérgio Goes de Paula].

TOKLAS, Alice B. (1996). *O livro de cozinha de Alice B. Toklas.* São Paulo: Companhia das Letras, 1996 [Trad. de Helena Londres].

TREFZER, Rudolf (2009). *Clássicos da literatura culinária:* os mais importantes livros da história da gastronomia. São Paulo: Senac.

VENÂNCIO, Renato Pinto & CARNEIRO, Henrique (orgs.) (2005). *Álcool e drogas no Brasil.* São Paulo: Alameda.

WEIMANN, Erwin (2006). *Cachaça, a bebida brasileira.* São Paulo: Terceiro Nome.

Bibliografia geral

ABRAHAM, Lyndy (1998). *A Dictionary of Alchemical Imagery.* Cambridge: Cambridge University Press.

AGAMBEN, Giorgio (2010). "Uma fome de boi". In: *Nudez.* Lisboa: Relógio D'Água.

_____ (2007). "O ser especial". In: *Profanações.* São Paulo: Boitempo [Trad. e apres. de Silvino José Assmann].

ANTONIL, André João (1997). *Cultura e opulência do Brasil* (1711). Belo Horizonte: Itatiaia.

AZEVEDO, Ricardo (2010). *Contos e lendas de um vale encantado:* uma viagem pela cultura popular do Vale do Paraíba. São Paulo: Ática.

BACHELARD, Gaston (1998). *A água e os sonhos.* São Paulo: Martins Fontes [Trad. de Antonio de Pádua Danesi].

_____ (1994). *A psicanálise do fogo.* São Paulo: Martins Fontes [Trad. de Paulo Neves].

_____ (1991). *A terra e os devaneios da vontade.* São Paulo: Martins Fontes.

_____ (1990). *A terra e os devaneios do repouso.* São Paulo: Martins Fontes.

_____ (1978). *A poética do espaço.* São Paulo: Abril [Coleção Os Pensadores].

BARCELLOS, Gustavo (2016). *The Sibling Archetype:* the psychology of brothers and sisters and the meaning of horizontality. Putnam, CT: Spring Publications.

_____ (2014). "Slightly at Odds: James Hillman's Therapy". In: *A Tribute to James Hillman:* Reflections on a Renegade Psychologist. Carpinteria, CA: Mandorla Books.

_____ (2012a). *Psique e imagem:* ensaios de psicologia arquetípica. Petrópolis: Vozes.

_____ (2012b). "South and the soul". In: *Listening to Latin America:* exploring cultural complexes in Brazil, Chile, Colombia, Mexico, Uruguay and Venezuela. Nova Orleans: Spring Journal Books [Ed. por Pilar Amezaga, Gustavo Barcellos, Axel Capriles, Jacqueline Gerson e Denise Ramos].

_____ (2009). *O irmão:* psicologia do arquétipo fraterno. Petrópolis: Vozes.

_____ (2007). "Cores da sombra: o Mito de Filomela e uma cena de Eliot". In: *Cadernos Junguianos*, 3 [Revista anual da Associação Junguiana do Brasil (AJB). São Paulo].

_____ (2006). *Voos e raízes:* ensaios sobre imaginação, arte e psicologia arquetípica. São Paulo: Ágora.

_____ (2005). "Revendo o Mito da Análise: contribuições da psicologia arquetípica". In: WERRES, Joyce (org.). *Ensaios sobre a clínica junguiana.* Porto Alegre: Imprensa Livre.

BARTHES, Roland (2003). "O bife com batatas fritas". In: *Mitologias.* Rio de Janeiro: Difel.

BASTIDE, Roger (2001). "A cozinha dos deuses (Candomblés e alimentação)". In: *O candomblé da Bahia.* São Paulo: Companhia das Letras.

BAUDELAIRE, Charles (2007). *Paraísos artificiais.* Porto Alegre: L&PM [Trad. de Alexandre Ribondi, Vera Nobrega e Lucia Nagib].

BERRY, Patricia (2014). *O corpo sutil de Eco:* contribuições para uma psicologia arquetípica. Petrópolis: Vozes [Trad. de Marla Anjos e Gustavo Barcellos].

BISHOP, Peter (1988). "The Vegetable Soul". In: *Spring 1988:* a journal of archetype and culture. Dallas: Spring Publications.

BOSI, Alfredo (2000). *O ser e o tempo da poesia.* São Paulo: Companhia das Letras.

BRANDÃO, Junito (1998). *Mitologia grega.* Vols. I e II. Petrópolis: Vozes.

BRODSKY, Greg (1977). *Do Jardim do Éden à Era de Aquarius.* Rio de Janeiro: Ground.

BURCKHARDT, Titus (1991). *Alquimia.* Lisboa: Dom Quixote [Trad. de Emanuel Lourenço Godinho].

CAMPBELL, Joseph (1993). *Myths to Live By*. Penguin Compass.

CANÇADO, José Maria (1983). *Proust:* as intermitências do coração. São Paulo: Brasiliense.

CANSELIET, Eugène (1981). *La alquimia explicada sobre sus textos clássicos*. Madri: Luis Carcamo.

CARVALHO, Marcelino de (1967). *A arte de beber*. São Paulo: Companhia Editora Nacional.

CASEY, Edward (1991). *Spirit and soul:* essays in philosophical psychology. Dallas, TX: Spring Publications.

CASTRO, Eduardo Viveiros de (2015). *Metafísicas canibais:* elementos para uma antropologia pós-estrutural. São Paulo: Cosac Naify.

COTNOIR, Brian (2006). *Alchemy*. São Francisco: Weiser Books [The Weiser Concise Guide Series].

DETHLEFSEN, Thorwald & DAHLKE, Rüdiger (1998). *A doença como caminho*. São Paulo: Cultrix.

DETIENNE, Marcel & VERNANT, Jean-Pierre (1989). *The Cuisine of Sacrifice among the Greeks*. Chicago: The University of Chicago Press [Trad. de Paula Wissing].

DODDS, E.R. (1951). *The Greeks and the irrational*. Berkeley: University of California Press.

DURAND, Gilbert (2002). *As estruturas antropológicas do imaginário*. São Paulo: Martins Fontes.

_____ (1998). *O imaginário:* ensaio acerca das ciências e da filosofia da imagem. Rio de Janeiro: Difel [Trad. de Renée Eve Levié].

EDINGER, Edward (1990). *Anatomia da psique:* o simbolismo alquímico na psicoterapia. São Paulo: Cultrix.

ELIADE, Mircea (2001). *O sagrado e o profano*. São Paulo: Martins Fontes.

_____ (1978). *The forge and the crucible*. Chicago: The University of Chicago Press.

EVOLA, Julius (1994). *The hermetic tradition:* symbols and teachings of the royal art. Vermont: Inner Traditions International.

FERLINI, Vera Lucia Amaral (1984). *A civilização do açúcar (séculos XVI a XVIII)*. São Paulo: Brasiliense.

FRANCO JÚNIOR, Hilário (1998a). *Cocanha:* várias faces de uma utopia. São Paulo: Ateliê.

_____ (1998b). *Cocanha:* a história de um país imaginário. São Paulo: Companhia das Letras.

FREUD, Sigmund (2012). *Totem e tabu* – Contribuição à história do movimento psicanalítico e outros textos (1912-1914). São Paulo: Companhia das Letras [Trad. de Paulo César de Souza] [Obras Completas, vol. II].

FREYRE, Gilberto (2004a). *Casa-grande & Senzala*. 47. ed. rev. São Paulo: Global.

_____ (2004b). *Nordeste:* aspectos da influência da cana sobre a vida e a paisagem do Nordeste do Brasil. 7. ed. rev. São Paulo: Global.

_____ (1997). *Açúcar:* uma sociologia do doce, com receitas de bolos e doces do Nordeste do Brasil. São Paulo: Companhia das Letras.

_____ (1975). *Tempo morto e outros tempos:* trechos de um diário de adolescência e primeira mocidade, 1915-1930. Rio de Janeiro: José Olympio.

GAZOLLA, Rachel (2012). "Platão e a adivinhação a partir do *Timeu*". In: Revista *Hypnos*, n. 29, 2º sem. São Paulo.

GRENZ, Stanley J.; GURETZKI, David & NORDLING, Cherith Fee (2000). *Dicionário de Teologia*. São Paulo: Vida.

GULLAR, Ferreira (2000). *Toda poesia (1950-1999)*. Rio de Janeiro: José Olympio.

HEIDEGGER, Martin (2006). "Construir, habitar, pensar". In: *Ensaios e conferências*. Petrópolis: Vozes [Trad. de Emmanuel Carneiro Leão, Gilvan Fogel e Marcia Sá Cavalcanti].

HILLMAN, James (2013a). *O sonho e o mundo das trevas*. Petrópolis: Vozes [Trad. de Gustavo Barcellos].

_____ (2013b). *Archetypal psychology* – Uniform Edition of the Writings of James Hillman, vol. 1. Putnam, CT: Spring Publications.

_____ (2011). *Psicologia alquímica*. Petrópolis: Vozes [Trad. de Gustavo Barcellos].

_____ (2010). *Re-vendo a psicologia*. Petrópolis: Vozes [Trad. de Gustavo Barcellos].

_____ (2005). *Senex & Puer* – Uniform Edition of the Writings of James Hillman, vol. 3. Putnam, CT: Spring Publications [com introdução de Glen Slater].

_____ (1999). *O livro do* puer – Ensaios sobre o arquétipo do *puer aeternus*. São Paulo: Paulus [Ed. e trad. de Gustavo Barcellos].

_____ (1994). "Concerning the Stone: alchemical images of the goal". In: *SPHINX* 5. Londres: London Convivium for Archetypal Studies [Apud *Psicologia alquímica*, Petrópolis: Vozes, 2011, cap. 8].

_____ (1991). "The Yellowing of the Work". In: MATOON, M.A. (ed.). *Proceedings 11th International Congress for Analytical Psychology:* Personal and Archetypal Dynamics in the Analytical Relationship. Einsiedeln: Daimon Verlag, p. 77-96 [Apud *Psicologia alquímica*. Petrópolis: Vozes, 2011, cap. 7].

_____ (1990). "A função sentimento". In: *A tipologia de Jung*. São Paulo: Cultrix.

_____ (1989). *A blue fire:* selected writings. Nova York: Harper Perennial.

_____ (1986). "Notes on White Supremacy". In: *Spring*. Dallas: Spring Publications.

_____ (1979). *The Dream and the Underworld*. Nova York: Harper & Row.

_____ (1977). *Re-Visioning Psychology*. Nova York: Harper & Row: Harper Colophon Edition.

HILLMAN, James & BOER, Charles (1986). *O livro de cozinha do Dr. Freud*. São Paulo: Paz e Terra.

HILLMAN, James; JONES, Ernest & JUNG, C.G. (1995). *Salt and the alchemical soul:* three essays. Woodstock, CT: Spring Publications [Ed. e intr. de Stanton Marlan].

JACKSON, Eve (1999). *Alimento e transformação:* imagens e simbolismo da alimentação. São Paulo: Paulus.

JUNG, Carl Gustav (1996). *The Psychology of Kundalini Yoga:* Notes on the Seminar Given in 1932. Princeton: Princeton University Press [Bollingen Series XCIX].

_____ (s.d.). "Psychological Factors Determining Human Behavior". In: *The Collected Works of C.G. Jung*. Vol. 8. Princeton: Princeton University Press [Bollingen Series XX, referido pela abreviatura *CW* 8, seguida do número do parágrafo]

[Trad. de R.F.C. Hull; ed. de H. Read, M. Fordham, G. Adler e Wm. McGuire].

_____ (s.d.). "Psychological Types". In: *The Collected Works of C.G. Jung*. Vol. 6 [referido pela abreviatura *CW* 6, seguida do número do parágrafo].

_____ (s.d.). *Mysterium Coniunctionis*. In: *The Collected Works of C.G. Jung*. Vol. 14 [referido pela abreviatura *CW* 14, seguida do número do parágrafo].

KEDOUK, Marcia (2013). *Prato sujo:* como a indústria manipula os alimentos para viciar você. São Paulo: Abril.

KERÉNYI, Carl (2015). *Arquétipos da religião grega*. Petrópolis: Vozes [Trad. de Milton Camargo Motta].

_____ (1985). *The Gods of the Greeks* (1951). Nova York: Thames and Hudson.

KUGLER, Paul (2002). *The Alchemy of Discourse*. Einsiedeln: Daimon Verlag.

KURLANSKY, Mark (2004). *Sal:* uma história do mundo. São Paulo: Senac.

LÉVI-STRAUSS, Claude (2006). "Pequeno tratado de etnologia culinária". In: *A origem dos modos à mesa*. São Paulo: Cosac Naify [Trad. de Beatriz Perrone-Moisés]. [Mitológicas, vol. 3.]

_____ (2004). *O cru e o cozido*. São Paulo: Cosac Naify [Trad. de Beatriz Perrone-Moisés]. [Mitológicas, vol. 1.]

LÓPEZ-PEDRAZA, Rafael (1999). *Hermes e seus filhos*. São Paulo: Paulus.

MAFFESOLI, Michel (2005). *A sombra de Dioniso:* contribuição a uma sociologia da orgia. São Paulo: Zouk.

MANGUEL, Alberto & GUADALUPI, Gianni (2003). *Dicionário de Lugares Imaginários*. São Paulo: Companhia das Letras.

MAUSS, Marcel & HUBERT, Henri (2005). *Sobre o sacrifício*. São Paulo: Cosac Naify [Trad. de Paulo Neves].

McKENZIE, John L. (1983). *Dicionário Bíblico*. São Paulo: Paulus.

MELO NETO, João Cabral (1994). *Obra completa*. Rio de Janeiro: Nova Aguilar.

MONTAIGNE, Michel de (1972). *Ensaios*. São Paulo: Abril [Trad. de Sergio Milliet] [Coleção Os Pensadores].

ONFRAY, Michel (1999). *A razão gulosa:* filosofia do gosto. Rio de Janeiro: Rocco.

_____ (1990). *O ventre dos filósofos*. Rio de Janeiro: Rocco.

ONIANS, Richard B. (2000). *The Origins of European Thought*. Cambridge: Cambridge University Press.

OTTO, Walter (2005). *Os deuses da Grécia*. São Paulo: Odysseus [Trad. de Ordep Serra].

PAPUS (s.d.). *Tratado elemental de magia practica:* teoría, realización, adaptamiento. Madri: Biblioteca de la Irradiación.

Parabola Food: The Magazine of Myth and Tradition, vol. IX, n. 4, nov./1984.

PARACELSUS (1995). *Selected Writings*. Princeton: Princeton University Press ["Introduction" de Jolande Jacobi; trad. de Norbert Guterman] [Bollingen Series XXVIII].

PLATÃO (2012). *Timeu e Crítias ou A Atlântida*. São Paulo: Edipro [Trad. de Edson Bini].

PRANDI, Reginaldo (2001). *Mitologia dos orixás*. São Paulo: Companhia das Letras.

ROHDE, Erwin (2006). *Psique:* la idea del alma y la inmortalidad entre los griegos. México: FCE.

ROLA, Stanislas Klossowski de (1997). *The golden game:* alchemical engravings of the seventeenth century. Nova York: Thames and Hudson.

RONNBERG, Ami & MARTIN, Kathleen (eds.) (2010). *The Book of Symbols*. Tasche [The Archive for Research in Archetypal Symbolism].

RULANDUS, Martinus (2000). *A Lexicon of Alchemy* (1612). Kessinger Publishing.

SARDELLO, Robert (1997). *No mundo com alma:* repensando a vida moderna. São Paulo: Ágora.

SARTRE, Jean-Paul (2008). *A imaginação*. Porto Alegre: L&PM [Trad. de Paulo Neves].

SISSA, Giulia & DETIENNE, Marcel (1990). *Os deuses gregos*. São Paulo: Companhia das Letras.

SOUZENELLE, Annick de (1994). *O simbolismo do corpo humano*. São Paulo: Pensamento.

VERNANT, Jean-Pierre (2012). *Mito e religião na Grécia antiga*. São Paulo: WMF Martins Fontes [Trad. de Joana Angélica d'Ávila Melo].

_____ (2002). *Mito e pensamento entre os gregos:* estudos de psicologia histórica. Rio de Janeiro: Paz e Terra.

ZIEGLER, Alfred (1985). *Archetypal medicine*. Dallas, TX: Spring Publications [Trad. de Gary Hartman].